▲法国大革命前期，妇女的发型和头饰。在法国大革命之前，女性所扮演的角色只是男性的取悦品，而法国大革命爆发后，女性的地位逐渐发生了变化，妇女们开始关注时事，甚至发出追求男女平等的呼声。

▲古斯塔夫·勒庞（Gustave Le Bon，1841—1931），法国社会心理学家，群体心理学的创始人，有"群体社会的马基雅维利"之称。其作品《乌合之众》在西方再版到了29版。

▲1789年7月14日攻占巴士底狱。巴士底狱是巴黎的一座中世纪城堡和监狱，也被认为是法国封建统治的象征。攻占巴士底狱是全国革命开始的信号，7月14日也被定为法国国庆日。

▲卢梭画像，法国一位非常神秘的画家拉图尔绘制。卢梭的人民主权思想深刻地影响了法国大革命，因而被誉为"法国大革命之父"，并有"没有卢梭，就没有法国大革命"的说法。

▲乔治·雅克·丹东肖像画。丹东在大革命爆发之前是一个性格温和的、成功的律师，加入大革命后变成了一个激进派，而当他当初发动的恐怖主义变成疯狂屠杀后，他自己也被推上了断头台。

▲处决路易十六。路易十六性格优柔寡断，平日里更喜欢制锁，他的技术非常高明，制出的锁头堪称艺术品。法国大革命爆发后，路易十六于1793年在巴黎革命广场被推上断头台。

◀1794年雅各宾派大会堂被关闭。1794年7月27日的热月政变结束了雅各宾派政权，雅各宾俱乐部也被关闭。尽管1799年7月雅各宾派成员和拥护者重建俱乐部，但仅维持1个月即告失败。

LOI DU 4. JANVIER 1792.　quinze sols.　L'AN QUATRIÈME DE LA LIBERTÉ.

Domaines nationaux.
Assignat
de quinze sols,
payable au porteur.

Série　273.

15 S

LA LOI PUNIT DE MORT LE CONTREFACTEUR.　LA NATION RÉCOMPENSE LE DÉNONCIATEUR.

◀面值15苏的指券。作为法国大革命时期发行的纸币，指券造成了严重的通货膨胀，也成为了暴动的催化剂。1796年2月19日，人们欢呼着用锤子敲碎了印制纸币的铅版，并把印刷工具扔进了用于焚烧的木柴垛里。（指券：法国大革命时期发行的可作货币流通的有价证券。）

▲人权和公民权宣言。这是法国大革命中的重要文献，由序言和17条组成。在人权方面，宣布了人人平等、财产安全等；在法治方面，宣布了法律面前人人平等；在政权方面，宣布了国家的主权在民、三权分立的原则。

▲夏绿蒂·德·科黛肖像。科黛自小在修道院长大，期间她阅读了大量的卢梭、普鲁塔克、伏尔泰的著作。大革命爆发后，科黛痛恨激进派的做法，于是怀揣匕首前往巴黎，并在1793年7月13日，将马拉刺死于浴缸。

◀伏尔泰肖像，法国著名肖像画家拉吉利埃作品。伏尔泰原名弗兰苏阿·马利·阿鲁埃，18世纪法国资产阶级启蒙运动的旗手，被誉为"思想之王"，曾预言了法国大革命的到来。

群体心理学与大革命

Qunti Xinlixue Yu Dageming

革命的民众如何退化成一群野蛮人？

弗洛伊德、荣格点评版

〔法〕**勒庞** 著 王铭启译

民主与建设出版社
Democracy & Construction Publishing House

图书在版编目（CIP）数据

群体心理学与大革命 / (法) 勒庞著；王铭启译.

— 北京：民主与建设出版社，2016.5

ISBN 978-7-5139-1073-6

Ⅰ.①群… Ⅱ.①勒… ②王… Ⅲ.①法国大革命 –

群众心理学 – 研究 Ⅳ.①K565.41

中国版本图书馆CIP数据核字(2016)第083687号

书名原文: The Psychology of Revolution

出 版 人：许久文
责任编辑：李保华
整体设计：仙　境
出版发行：民主与建设出版社有限责任公司
电　　话：(010)59419778　　59417745
社　　址：北京市朝阳区阜通东大街融科望京中心B座601室
邮　　编：100102
印　　刷：北京欣睿虹彩印刷有限公司
版　　次：2016年6月第1版　2016年6月第1次印刷
开　　本：32
印　　张：8.125
书　　号：ISBN 978-7-5139-1073-6
定　　价：38.00元

注：如有印、装质量问题，请与出版社联系。

古斯塔夫·勒庞（Gustave Le Bon）是法国著名的社会心理学家、社会学家、群体心理学的创始人，以其对于群体心理的研究而享誉世界，素有"群体社会的马基雅维利"之称。1841年，他出生在法国的诺晋特-勒-卢特鲁（Nogent-le-Rotrou），并于1931年逝世于法国马恩-拉-科盖特（Marnes-la-Coquette）。

勒庞曾在巴黎学习医学，并于1866年获得医学博士学位，这之后他先后游历了欧洲、北非和亚洲等地，写下数本有关人类学和考古学的著作。他从1870年开始在巴黎行医，1884年开始研究群体心理学，并阐发了强调民族特点与种族优越性的社会心理学理论。他的研究涉及人类学、自然科学和社会心理学三大领域。他最初研究的课题是为各个人种的身体特征创制测量方法。后来他发展了人种分类等级学说。到了晚年，他将兴趣转向了社会心理学，他以对群体心理特征的研究而闻名于世。在他看来，"民族的精神"或"种族的灵魂"是整个社会生活的基础。一个民族、种族或一种文明都具有民族的精神，即共同的感情、利益和思维方式。国家精神是从人们心中无形的民族精神的非理性途径中产生的，并支配了一切社会制度的形式。历史就是民族或种族性格的产物，民族或种族性格是社会进步的主要力量。他认为欧洲社会日益增长的特征是群众的聚合物。个体的意识个性淹没在群众心理之中，群众心理诱发出情绪，意识形态通过情绪感染得到传播。一旦被广泛传播，意识形态就渗透到群众中个体的心理层次，使个体丧失批判能力，从而影响他们的行为；群众的行为是一致性、情绪性和非理智性的。勒庞认为他的这种观点可在现代群众和群众组织中得到证实。

勒庞自1894年开始，写下过一系列的社会心理学著作，鱼龙混杂，蔚为大观。其中包括《各民族进化的心理学规律》（1894年）、《乌合之众》（1895年）、《群体心理学与大革命》（1912年）及《战争心理学》（1916年）等著作，被翻译成二十多种语言，至今仍在国际学术界有广泛影响。

勒庞对心理学和政治学的熟稔，使他的作品拥有一些独特的视角，兼之法国式的随兴而发的叙述风格，常常给读者带来一些特异的体会。《群体心理学与大革命》是勒庞最重要的一部作品，精神分析学大师弗洛伊德曾对其推崇备至，认为勒庞是当之无愧的世界级大师，是他把心理学带到了世界的最高端。

这是一部试图刻画法国大革命期间各色人群心路历程的著作，其特殊的对政治的、社会的、行为的心理分析方法，对我们进一步了解法国大革命及其相关的政治、社会活动提供了非常重要的帮助。书中对法国大革命时期的群众革命心理作了非常细致的分析，与马克思主义对待群众运动的历史作用观点相比，作者勒庞更强调了群众运动对个体意识的负面作用，如个体在参与群众运动时会变得盲目、顺从、缺乏理性，否定了集体意识。尤其引人注目的是，他描绘了群众革命激情的曲线。虽然该书观点很多是有争议的，一些观点在实验心理学研究下已经被证伪了，但该书所揭示的一系列重大问题，至今还是有巨大的现实意义，如关于冲突是怎样被激化升级为群体的政治暴力的。《群体心理学与大革命》确实是一本社会心理学经典著作，无论是作为文献还是作为学术作品，它所产生的影响和价值是如何估计都不为过的。

第一卷　革命的一般特征

第二卷　革命中的主要心理形态

第三卷　法国大革命的起源

第四卷　制宪议会

第五卷　古代传统与革命原则之间的冲突

第一卷
革命的一般特征

第一章
科学革命和政治革命

一、革命类型

说起"革命"一词时，我们马上会想到"政治变革"这个名词。从语意上我们可以这样来解释人们通常所说的"革命"："革"和"命"两部分的因素组成了所谓的"革命"，按照它们的排列顺序，先要有"改革"，然后在此基础上进行重新"任命"。事实上，"革命"一词可以用来形容所有因为质的改变而突然发生的变化，这种变化既包含表面上的改变，也包含那些内在的质的剧变。比如，某种信仰的骤然消失，某种思想观念的突然飞跃，某个科学理论的巨大突破等。

意见和信仰是定位人类行为具有决定作用的因素，在意见和信仰的起源中，理性、感性、情感及神秘主义等诸多因素会产生难以想象的作用和效果。就像政权的更迭并不是革命的唯一结果，一场革命往往会演变成一种信仰的变革，然而驱动革命发生的动机常常是理性

▲倘使没有意识，那么这个世界便不会充满了各色纷呈的现象。
★荣格

2

的：这个动机或许是试图反抗苛刻的暴政，改变现状；或许是对可恶的专制政府的反抗，表达自己的愤怒和不满；或许是想要反抗某个众叛亲离的君主，推翻君主专制的统治等，这些理由不胜枚举。

革命爆发的原因极可能是纯理性的，我们甚至可以从大多数革命的起源中发现一定的规律性，但我们必须谨记，除非把理性的认识转化成感性的行动，否则革命酝酿过程中这些理性的因素并不会对大众产生什么显著的影响。

理性逻辑或许能够制造出足够多的理论依据，并用这些依据来揭示暴政必然被推翻的道理，然而，如果试图用它左右和影响大众来对抗暴政，恐怕很难达到你所期待的效果。原因在于普通大众的文化水平、政治理解等很多方面的素质都极其有限，革命领袖们的政治理念不可能被他们完全接受和认同。想要影响大众群体，就必须激起民众的认同感，并用具有煽动性的神秘主义因素来影响人们的行为。就比如在法国大革命中，哲学家们用系统严谨的理性逻辑来抨击那些旧制度的弊端，并试图以此激发人们改革的愿望；而某些社团则利用神秘主义逻辑，快速地壮大他们的队伍，塑造人们的信仰；同时，情感逻辑将人们多个世代以来禁锢的热情释放出来，所以，当这两种逻辑遇到一起时，极端的放纵就产生了。这种集体逻

> 创造性力量很容易变成破坏性力量。这只取决于人们的道德人格：是用此力量做好事或做坏事。如果人们缺乏这种道德人格，则没有一种说教能够提供它或取而代之。
>
> ★荣格

辑左右着俱乐部、议会等组织和机构，并促使它们的成员采取行动，最终产生了其他任何一种逻辑都不会造成的暴行。

纠结于革命产生的原因毫无意义可言，因为除非革命已经深入人心，占据了大众的思维，否则它的结果不可能卓有成效。由于大众的独特心理，历史事件形成了特殊的形式，而相应的，大众运动也由此具备了共性特征。所以，我们只要描述和分析具体的一次革命运动，就能对其他的运动有一定的理解。

需要说明的是，大众并不是一场革命的出发点，事实上，他们不过是革命的一种工具而已。他们是一种缺乏组织性的存在，假如没有人刻意地去左右或领导他们，他们就是徒劳的、无意义的存在。而一旦受到了某种正确性的刺激，他们很快就会响应这些刺激，甚至突破、超越原本的局限性——原本大众不能自己创造刺激。

历史学家或许会因为突发的政治革命而惊喜和震撼，但这样的革命通常是微不足道的。只有行为方式和思想领域的革命才是真正伟大的革命。所以，单纯地变换政府名称恐怕不足以改变一个民族的精神状态，推翻一个不合理的制度也不会重塑这个民族的灵魂。

那些能改变民族命运的革命可才称为真正的革命。但这样的革命往往进行得十分缓慢，以至于历史学家都无法确切指出这种"循序渐进"的革命状态始于何时，所以，与其将之称为"革命"，不如将其命名为"进化"或许更为贴切、准确。

因此，当我们试图进一步研究大多数革命的起源，并对它们进行分类时，我们就会发现，上文所列举的种种要素明显有些顾此失彼了。而如果单就革命对象这一因素来说，那么我们可以将它们分为科学革命、政治革命、宗教革命三大类。

二、科学革命

这样说会出乎很多人的意料，在这三种革命对象中最为重要的其实是科学革命。尽管人们很少去注意和重视科学革命，但它所产生的重大而深远的影响是政治革命所不能企及的。所以，尽管我们在这里不能深入地对它进行研究，但我们确实应当把它放在优先考虑的位置。

我们之所以把这样的革命称为"进化"，是因为它们进展得十分缓慢。但仍有一些其他形式的科学革命不在此列，这类革命可以产生相同的效果，但它们发展的速度非常快，所以我们完全可以把它们称之为"革命"。达尔文的理论就是一个著名的例子，在短短数年的时间内，进化论就使整个生物界为之颠覆；又比如巴斯德①的科学成果，这些成果在巴氏有生之年就带给了医学界革命性的变革；不得不提的还有物质裂变理论（the theory of the dissociation of matter），人们在此之前一直认为原子是永恒的，但这个理论向人们表明了即使是永恒的原子也同样遵循着宇宙万物衰变、消亡的法则。

这些科学革命发生在观念领域，都是纯粹知识性的革命，通常来说，这无关于人们的情感和信仰，也无法对它们产生什么影响。因为这些革命的独立性和权威性，人类必须无条件地服从并遵守它们。

三、政治革命、宗教革命

在下面的内容里，让我们来谈一谈宗教革命和政治革命，这两类革命从对人类发展和文明进步方面的贡献及对人类长远意义

---

① 路易斯·巴斯德（1822—1895），法国微生物学家、化学家。他研究了微生物的类型、习性、营养、繁殖、作用等，奠定了工业微生物学和医学微生物学的基础，并开创了微生物生理学。——译者注

上的作用来看，与科学革命相去甚远，而且其起源也不同于科学革命，科学革命的唯一起源是理性因素，而理性对政治信仰和宗教信仰的影响几乎可以忽略不计，它们几乎只受神秘主义因素的影响和支配。

如果说理性是科学革命的起源，那非理性因素就是控制政治革命和宗教革命的关键所在，无论政治信仰或宗教信仰的外在表现如何，它们都构成了一种细微精妙的无意识信仰行为，理性对这两种信仰不具备任何影响力；不仅如此，信仰的强烈程度使它不会受到任何事物的阻挡。人们一旦受到信仰的催眠或蛊惑，就会发自内心地变成一个虔诚的信徒，随时做好为信仰牺牲自己利益、幸福乃至生命的准备。至于他所信仰的东西是否荒谬已变得无足轻重，因为对信徒来说，信仰是不容置疑的存在，是摆在眼前的活生生的事实，信徒们对它极尽狂热并顶礼膜拜。正是由于人们坚定不移地认同信仰的神秘主义起源，才使它获得了某种不可思议的力量，而这种力量能够彻底地控制人们的思想和思维。可能需要非常漫长的时间，才能使这种力量逐渐消退。

正是因为人们把信仰视为绝对真理，才使信仰变得不够宽容。而这一不宽容的特性通常就是暴力、仇恨、迫害等诸多因素的导火索，而这些因素往往又是重大政治或宗教革命的伴

在我们的内心深处被唤起的，就是那个久远的背景——古老的人类心理模式，它们源于遗传而非后天习得，我们从业已模糊的往日世代继承了它们。

★荣格

生物或派生品，其中最为典型的就是宗教改革和法国大革命。

强烈的情感和神秘主义因素常常与信仰相伴相生，如果我们忽视了这一点，就无法透彻理解法国历史上的某些特别的阶段。人们在交往的过程中，缺乏宽容，无法调和，有时甚至彼此敌对或仇视，究其根由，其实就在于神秘主义的信仰对情感发挥作用而外显出来的力量。

我们如果忽视了信仰的情感和神秘主义的起源，忽视了信仰必然存在的不宽容性，忽视了人们在交往过程中不可调和的矛盾，忽视了具有神秘主义色彩的信仰对人类的情感所产生的强大支配力量，那么，我们无法透彻理解大革命的某些历史阶段也就不足为奇了。

相信一些历史学家们会觉得上述这些概念过于新奇，这很难改变他们固有的思想观念，他们仍会继续尝试通过理性逻辑来阐释那些明显与理性不相关的各种现象。

宗教改革覆盖了长达半个世纪的法国历史，仅从这一点我们就可以看出，宗教改革本身并不是由理性来决定的。但是，直至新近的著作中，我们可以看到学者们依然运用理性逻辑来对其加以诠释。例如，在《通史》这一部由拉维斯先生和朗鲍德先生合作的著述中，我们就能读到这样一段关于宗教改革的解释：

这是一场自发式的遍及全国民众的革命运动，从阅读福音书到个人的自由思考，人们以各式各样的形式来参与和推动这场运动，所有这一切都表明单个的人类个体是可以拥有虔敬的道德心、大胆的怀疑精神和缜密的推理能力的。

这些历史学家的论断是不是不可撼动的呢？其实他们的论点很容易就能推翻：首先，这类运动绝不可能由人们自动发起；其次，理性在其中的作用微乎其微。

情感和神秘主义因素正是政治和宗教信仰能取得成功并撼动世界的关键所在，理性因素塑造不了它们，更不可能引导和控制它们。

政治信仰和宗教信仰拥有共同的起源，并遵循着相同的法则——非理性的力量是它们得以发生和形成的重要依靠。佛教、伊斯兰教、宗教改革，抑或是雅各宾主义、社会主义等，这些许多看似截然不同的思想形式，事实上具备共同的情感和神秘主义基础，并遵循着相同的无关乎理性的逻辑方式。

深植于人们头脑中的信仰可能是引发政治革命的原因，但还有其他更多的原因导致了革命的发生，这些原因最终可以用"不满"一词来表达。一旦"不满"开始普遍化，民众的怨愤情绪不断攀升，就会形成一个反对派，并迅速发展和强大起来，强大到甚至可以与当时的政府相抗衡。

如果"不满"的强大作用要得以发挥，就必须有长时期的酝酿和积累的过程，正是由于这样的原因，一场革命常常外显为一系列不间断的现象，其间，它的演化呈现出加速的态势，而不是在某一阶段结束，在另一阶段再继续。然而，我们看到几乎所有当代的革命都是在一时间突然爆发的运动，它们在瞬间就推翻了当时的政府，如巴西、土耳其、葡萄牙及中国的革命，都是这样的情形。

出乎很多人意料的是，那些异常保守的民族，他们对激烈的革命往往情有独钟。追根溯源，我们发现正是"保守"这一特性决定了这一事实，正是因为保守，他们才接受不了缓慢的进化过程，无法适应外部环境的逐渐变化，一旦发生矛盾并且矛盾加深时，他们往往倾向于猝变，而这种骤然的进化往往最终就会演变成一场革命。

事实上，就算是那些适应了渐进式的、缓慢演化的民族，也无法完全避免革命的发生。例如，在英国，上层统治者致力于维护个人的绝对权力和无上权威，而底层民众则试图通过代表这一媒介来实现个人在政治上的自主和解放。这场斗争持续了将近一个世纪之久，直至1688年，才最终以资产阶级革命的形式做了一个了结。

一个有趣的事实是几乎所有的大革命的导火索都是由上层人士引燃的民众。然而，底层民众一旦摆脱了政治和精神上的束缚和枷锁，革命的威力就完全属于民众了。

军队在一场革命中是必不可少的。显而易见，如果不能得到军队中非常重要的那一部分人的支持和拥护，革命在过去和将来都不可能发生。正如王权在法国的丧失并不是始于路易十六被送上断头台之时，事实上，早在国王的军队不再向他臣服，并拒绝保护他的那一刻起，王权就已不复存在了。

正是精神传播的方式使军队逐渐产生了叛逆之心，并逐渐对现有秩序的存亡越发淡漠。所以，虽然希腊和土耳其这两个国家的政治制度并没有什么相似的地方，但随着土耳其少数军官联合起来共同推翻土耳其政府时，希腊的军官也受其感染，密谋效仿土耳其，改组希腊政权。

军事武装行动或许确实能推翻执政当局，摆脱旧有秩序的压迫。例如，那些发生在前西班牙殖民地的拉美各共和国国家政府的覆灭，几乎都是军事政变造成的。但是如果这个革命想要取得某种重大的成就并获得长久的胜利果实，那它就一定要依赖于民众对旧政府的普遍不满情绪和对建立新秩序的普遍愿望。

进一步说仅仅是小范围的不满还不足以引发一场革命，除非民众拥有普遍而强烈的不满情绪，他们对新的政治生活已迫不及待，这样才足以促使革命的发生。纠结一帮人劫掠、破坏和屠杀并非难事，但要动员起整个民族或一个民族中的大部分人进行革命并取得最终的胜利，则必须要求革命领导人具有顽强的勇气、克服重重困难的决心及不屈不挠的精神。而且过程中他们会夸大这种不满情绪，向愤愤不平的民众灌输仇恨思想，向民众宣讲当前的政府正是所有苦难、罪恶，特别是长期贫困的唯一根源。同时，也要让民众确信一点：革命所追求的新制度将造就幸福的时代，民众将最大限度地享受到在旧制度下无法享受的权利。这些思想通过暗示和传染这两种途径得以萌发、展开、传播，等到时机成熟，革命就瓜熟蒂落了。

通过上述方式完成的革命包括基督教革命和法国大革命，只是后者在几年的时间里就完成了前期工作，而前者则费尽周折，经过了很长的酝酿时间。之所以会有这样的不同，原因在于法国大革命在很短的时间内就拥有了一支能够支配的军队，拥有了属于自己的武装力量。而基督教则经过了很长的时间才得到物质权力。基督教最初的信徒基本都是下等人、穷人或奴隶，这个群体虽然满怀热情，希望今生的悲惨遭遇能换得来世的幸福生活，但他们的思想非常混沌，根本无从知晓怎样才能改善目前的生活状态。历史已经不止一次地向世人证明，教义正是通过自下而上的传播途径最终扩散到一个国家的上层的。然而，一些下层民众的意志和利益必然会涵盖在新的教义之中，这些意志和利益甚至可能与上层阶级的背道而驰，因此，君主和当政者们就必须加以仔细斟酌和考虑。所以，在君主认可新的宗教信徒如此之多足以堪当国教之前，必然要经历一段漫长的时间。

四、政治革命的结局

在取得胜利后，一个政党在建立新秩序时，会自然而然地按照自己集团的意志和利益来重组社会。至于这个团体会塑造出一个什么样的社会，就取决于革命是受士兵、激进主义者还是保守主义者等的影响。获胜的党派正是因为得到了其背后的社会阶级力量的支持才得以成功的，所以，这些阶级的利益，如教士的利益也就理所当然地会被优先考量，并对新的法律和制度起到决定性作用。

如果一场革命如同法国大革命一般是纯粹通过暴力斗争来取得胜利的，那么，旧的法律、制度将被胜利者彻底推翻，而那些已经倒台的旧制度的支持者们则将受到迫害、流放，甚至被消灭。

除了保护己方的物质利益之外，获胜的党派还要捍卫自己的信仰，所以，他们在进行迫害时，就会将暴力发挥到极致，对敌对势力没有丝毫怜悯和同情。这也是西班牙驱逐摩尔人、宗教裁判所以火刑来对付异教徒、国民公会推行严刑酷法及法国实施禁止宗教集会政策的重要原因。

胜利者有时会因为拥有绝对的权力而实行一些现在看来极为荒谬的措施，如国民公会就一度颁布法令用纸币替代金币，严格对商品实行限价等。没过多久，它就在生活必需品的限价措施上遇到了阻力，人们纷纷对它进行诘难，法令也无法得到有效实施，在大革命马上就要结束时，它几乎已经到了被世人所唾弃的程度。同样的事情在这之前也发生过；一个几乎完全由工人组成的澳大利亚社会党内阁，颁布了极为荒谬的法律，所有的条款几乎都是为了给予工会特权，可想而知，这项法律引起了其他群体的强烈不满，遭到了公共舆论的一致谴责，结果在掌权不到3个月的时间内，这个内阁就被推翻了。

然而，上面提到的情况其实都属于特例，大多数革命事实上都会以一个执掌大权的新领袖的确立而结束。这个新领袖深知，要想长久地享受革命的成果，维持他的绝对统治力，首先考虑的不应该只是某一个阶级的利益，而应该兼顾各方，维持平衡。出于这种目的，他必须斡旋于各种势力之间，调和折中，如此便不会受到来自任何一个阶级的威胁。假如使某个阶级势力异常强大，那就是在削弱领袖自己的权威，但当权者卧榻之侧又岂容他人酣睡？这是政治心理学最无可置疑的一条定律。历代法国的国王无疑都深谙此道，他们为了维护自己的地位，巩固自己的王权，必须励精图治，很多时候不得不让步于下层人士，他们不但要抵制贵族的权力侵蚀，还要削弱教士的势力。唯有如此，他们才避免了德意志皇帝在中世纪经历的不幸命运的重演，就像亨利四世，不仅被教皇革出了教门，声名狼藉，最终迫不得已还要前往卡诺萨去觐见教皇，恭敬地乞求得到他的宽恕。

在历史进程中，这样的法则已经得到了无数次的印证。例如，在罗马帝国末期，军事集团就曾一手遮天并显赫一时，在这种政治环境中，皇帝必须完全依靠他的兵士，因为军事集团的意愿完全决定了他的存亡废立。

这样看来，对法国而言，长期以来由一个几乎拥有绝对权威的君主来统治或许是一种巨大的优势。因为，君主会因此而宣扬君权神授的思想，并以此来获得至高无上的威望和权力。而这样的权威使得他拥有了钳制封建贵族、教士甚至议会的实力。如果16世纪末的波兰也拥有一个类似的既具有绝对权力又受人爱戴的君主，那么，它就不致日渐衰微，最终消失在欧洲的地图上。

我们在这一章中已经阐述了政治革命有可能伴随的重大社会变革。在接下来的内容中，就让我们来看一看，它们与宗教革命所带来的变革相比是多么重要。

第二章
宗教革命

一、宗教革命和政治革命

本书的主旨之一就是对法国大革命进行深入探讨。这场革命一直充斥着暴力，这背后自然也就存在相关的重要心理原因。

就拿法国大革命来说，假设我们将其看作一种新的宗教，那它所遵循的必然是对一切宗教都适用的普遍传播法则。从这点来看，应当是群情激奋在先，紧随其后的就是血腥暴力，因此也就不难理解其中的因果关系了。

在研究宗教革命的过程中，我们发现了其与法国大革命的一些共性——一些在法国大革命中极其活跃的心理因素，同样在这里起到了重要作用。比如说，在这这两起革命中，我们看到：理性在信仰传播过程中的价值是微不足道的；虽然迫害没有任何正向作用，但却从来都没有停止过；在相互对立的两种信仰之间必然存在某些因素是相互抵触的，所以试图在两者之间寻找和解几乎是不可能的事；可怕的暴

我现在这样说，也有很多人不明白我的所指。他们并没有意识到，宗教就像是一株植物，当它不再生长的时候，意味着它已经完蛋了。
★荣格

力和殊死的斗争会因不同信念之间的冲突而引发。同时，我们也可以看到，那些所谓的信仰通常不过是为谋求私利打的幌子这样的结论，那就是如果在革命的同时不改变人们的生活状态、人们意识和利益，那么，也就不能改变他们的信念。

通过对上述现象的解析，我们就会了解到，大革命福音的传播方式与其他宗教福音，特别是加尔文教福音的传播方式并无差别的原因，因为它根本就无法寻找到除此之外的传播方式。

但是，尽管起源相同，但政治革命和宗教革命在长远的后果上却截然不同，这就可以解释它们的持久力因何会存在区别。在宗教革命的过程中，虔诚的信徒被宗教思想所禁锢，他们不会有丝毫的挣扎，他们也不会发觉自己受到了欺骗，因为在他们看来，只有进入天堂才能得到最终的验证；但政治革命则不同。在政治革命中，一些虚假的信念很容易被揭穿，一旦民众发现自己被蒙蔽和受到利用，他们就会将其抛弃。

这就是为什么，在督政府（Directoire exécutif）统治末期，当雅各宾主义信仰的实施致使法国陷入了濒于毁灭、贫困、绝望的边缘时，连最狂热的雅各宾主义信仰者也要被迫放弃他们的那套信仰。

二、16世纪宗教改革的开始和它最初的信徒

人类的情感和道德在很大程度上受到了宗教改革远的影响，可是宗教改革朴素的初衷不过是为了反对教士的恶习。实际上，宗教改革不过是回归和皈依福音书，至于那些自由的思想，它则从未奢求过。加尔文[1]或许还没有罗伯斯庇尔宽容，事实上，进

---

[1] 约翰·加尔文（John Calvin, 1509—1564）又译为喀尔文、克尔文，法国著名的宗教改革家、神学家、基督教新教的重要派别加尔文教派（在法国被称为胡格诺派）创始人。人称日内瓦的教皇。——译者注

行了宗教改革的那些国家，并不会比先前有太多的变化，民众仍然没有什么实际权力，只不过是罗马教皇被君主代替了而已。至于君王，他自己所拥有和掌控的权力也并不比以前少。

在法国，基于人们思想的逐渐开放和造纸术的广泛应用，借助宣传和交流的手段，新的信仰慢慢地得以传播开来。路德①大约在1520年招募了一批专家，而直到1535年，新的信仰才渐渐传播开来并且受到了广泛的欢迎，这是因为新的信仰对底层人群的权利和利益给予了充分的关注，也正因为如此，人们才认识到有必要皈依这种信仰。

第一批宗教改革的信徒包括牧师和地方官员在内，但占最大比重的信仰群体还是对这些信条一知半解的手工业工人。实际上这些工人接受新事物的能力有限，因此他们改信新教基本都是受到群众传染和暗示的结果。

而新的信条一旦传播开来，各色各样的人物就会迅速聚拢在这一信条周围，他们对新教教条到底是什么启示并不在意，但他们却从中

---

① 马丁·路德（Martin Luther，1483—1546），德国宗教改革家、新教神学家、新教路德宗的创始人。由路德发起的宗教改革，推动了广大民众的反封建斗争，沉重打击了天主教会和封建势力。在客观上结束了天主教内部的统一，结束了罗马教廷至高无上的统治，使新教、天主教、东正教成为广义基督教中的三大教派。——译者注

找到了满足自己热情或愿望的借口或机会，因为对旧教有诸多不满，这在一定程度为新教的传播提供了便利条件，使新教在与旧教的对抗中具备了一定的优势。在实行宗教改革的各个国家中，这种现象俯首皆是，最典型的就是德国和英国两个国家。比如，德国的封建领主正是充分利用了路德在新教教义中宣称的教士没有必要拥有财产这一信条大发其财，因为这使他们可以光明正大地掠夺教会的财产。以相同手段发家的还有亨利八世，那些常常被教皇掣肘的君主们对政教分离的教义感到欢喜不已。统治者们因为诸如此类的教义在行使自己权力更加集中，因此我们看到，宗教改革事实上并没有削弱统治者的绝对专制主义（absolutism of rulers）及其产生的影响，反而对它起到了增强的作用。

三、宗教改革教义的理性价值

包括法兰西在内的整个欧洲都进行了宗教改革。在接下来的50年内，法兰西成了一个不折不扣的战场。从理性的角度来看，它所产生的影响，是其他任何一项事业都无法比肩的。

从历史上来看，我们能找到无数事实证明信仰传播与所有理性相互独立的关系。也许真的就像加尔文说的那样：虽然神学教义能唤醒人们高涨的热情，但它们在理性逻辑面前是没有说服力的。

在此我们必须发问：我是否拥有任何宗教体验、拥有与上帝的直接关联，从而获得一种确然性，使我作为个体免于消融于群众？

荣格

路德因为受到"救赎理论"的影响而对恶魔产生了一种非理性的恐惧，这种恐惧已经深刻影响到了他的思想和理论。他深知忏悔并不能帮助他解除这种科工局，只有通过稳操胜券的手段来向上帝示好才能逃过炼狱之灾。从对教皇出售"赎罪券"（indulgences）①进行抨击开始，路德不仅否定了教会的权威，而且也否定了自己的权威。路德对宗教仪式、忏悔和圣徒的礼拜进行了谴责，开始宣扬基督徒"唯信称义"②，也就是只有得到上帝的恩惠才能得救。

路德对于这条被称为预定论（predestination）的最后一条教义其实并没有深刻了解，但加尔文却对它进行了清晰的表述。加尔文认为在上帝面前，多数新教教徒都是无足轻重的。因此他奠定了这样的教义："一部分人将受火刑而死，另一部分人则将得救，这些在无所不能的、永恒的上帝那里是早已注定的"。那么是什么导致了如此之大的差别呢？原因仅有一个，那就是"上帝的意志"。

从上面的表述可知，加尔文只是在圣奥古斯丁③某些见解的基础上进行了延伸。因为无所不能的上帝创造了人类，所以他做任何事，比如让某些人在来生饱受炼狱之苦，至于他们的善行和

① 赎罪券也称"赦罪符"。1313年天主教会开始在欧洲发行此券，教皇宣称教徒购买这种券后可赦免"罪罚"，这实际上是一种敛财的行为。1517年，路德在维登堡城堡大教堂的大门上张贴出了批判教会的《九十五条论纲》（关于赎罪券的效能），抨击教皇和教会借出售赎罪券横征暴敛的欺诈和腐败行为，直接对教会和教皇的权威性提出了质疑。从此拉开了宗教改革的序幕。——译者注
② 唯信称义是指只要有信仰就能成为义人。马丁·路德在将《圣经》翻译成德文时，把原文中的"因信称义"（Justification by faith）按照其对《圣经》的理解译为"唯信称义"（Justification by faith alone）。——译者注
③ 圣·奥古斯丁（354—430），古罗马帝国时期基督教思想家，欧洲中世纪基督教神学、教父哲学的重要代表人物。在罗马天主教系统，他被封为圣人和圣师，并且是奥斯定会的发起人。——译者注

美德，则全然不在考虑范围之内，显而易见，这样的理论是极其不公平的。但是令人不可思议的是，在这么长的时间里，这种理论却一直被人推崇，无数人为其所折服，并虔诚遵守教义。更令人匪夷所思的是，这种情况在今天丝毫也没有减少的迹象，甚至有过之而无不及。

我们不难看出加尔与罗伯斯庇尔在心理上的亲缘性，与后者相同，加尔文以为自己掌握了绝对真理，他毫无怜悯地处死了那些拒不接受他新创教条的人。加尔文甚至还以上帝的名义宣称："为了捍卫上帝的荣光，可以不惜毁灭所有人。"从加尔文及其信徒的例子中，我们可以看到在那些受到信仰蛊惑、迷失于其中的人看来，即使再荒谬不过的事情也是非常正常的，这些人已经完全失去了理性。试图按照理性逻辑将道德建立在预定论基础上是不太现实的，因为无论人们怎样地努力都不能逃脱命运的安排。他们要么得到上帝的救赎，要么接受审判甚至被宣判死刑。但是，加尔文却轻而易举地以这个完全非理性的论点为基础创立了一种严苛而残酷的道德标准。被他所蛊惑的信徒们自诩为上帝的选民，他们拥有无上的自豪感和尊严感，时刻觉得必须以自己的行为作为准则和楷模。

四、宗教改革与新信仰的传播

新信仰的传播依靠的并不是演说和论证，

> ◢ 基督教的发展过程要求人们断绝与客体的感官联系，即牺牲一切在人看来是最有价值的东西、最宝贵的财富、最基本的本能。从生物学角度来说，这类牺牲是为驯化的目的服务的；但从心理学上来说，它却打破了旧的束缚从而为新的可能性的发展打开了大门。
>
> ★荣格

而是前文描述的机制——断言、重复、精神传染和大造声势。在之后的时间里，革命思想也效仿这一途径在法国进行传播。

就像我们已指出的那样，对信徒的迫害反而促进了新信仰的传播。就像我们在基督教早年的经历中所看到的，新信仰对人们的影响力在每次迫害之后都会增加，更多的人选择和接受新的信仰。市政议员阿内·迪堡被判以火刑，但是甚至在走向火刑柱之时，他还依然坚定地规劝周围的群众改信新教，一位目击者曾这样说："与加尔文的著作相比，大学生更会因为阿内·迪堡坚定不移的信念而皈依新教。"

为了阻止新信徒们向人们布道，统治者在烧死他们之前割掉了他们的舌头；为了威慑世人，刑罚变得非常严苛，行刑时在他们身上缚上铁链，如此一来，行刑的人在把他们投入烈火中之后还能再把他们拖出来继续施虐。

但是这依然不能让虔诚的新教徒退缩，他们甚至对此心甘情愿，对他们来说烈火的考验是一种解脱，是一种至上的光荣。

弗朗索瓦一世①在1535年放弃了原有的宽容态度，下令同时在巴黎设立6处用来惩罚新教徒的火刑场（国民公会也只在巴黎设了一处

新教的历史是激烈地反传统倾向的历史。一堵墙接着一堵墙倒塌了；一旦教会的权威已经粉碎，这破坏的工作也就并不显得太难了。
★荣格

---

① 弗朗索瓦一世（1494—1547），法国国王，在意大利战争中败给了如日中天的神圣罗马帝国皇帝查理五世，还一度被俘。后来他背叛诺言，和异教徒结盟，最终勉强保住了本土。——译者注

断头台，而且受难者所遭受的刑罚也没那么残酷）。但是人们早已目睹了殉教基督徒视死如归的精神，在信仰的催眠和蛊惑下，其他盲目追随的信徒们也变得彻底无所畏惧。

就这样，新教迅速传播开来，法国在1560年时已经拥有的新教教堂达2000多座，许多大领主在见证了新教的巨大影响之后，也逐渐转信了新教。

五、不同宗教信仰间的尖锐冲突

就像我在前文中提到的，不宽容必然是强势宗教信仰的伴生物。关于这一点，我们可以从政治革命和宗教革命中为这一事实找到大量证据。另一个值得注意的现象是，比起类似基督教和伊斯兰教那些互不熟悉的宗教之间的不宽容，同一宗教内部不同教派间的不宽容是有过之而无不及的。事实上，只要观察一下那些长期以来把法国弄得分崩离析的教派，就会发现，除了一些细节上的差别，它们在根本上的宗教理念基本是一致的。天主教和新教都尊崇和信仰同一个上帝，信仰方式的不同是唯一的区别。如果他们的理性还能发挥作用，那么他们很快就能明白，对上帝而言，以什么方式来崇拜他都是无足轻重的。

然而理智对那些狂热的大脑产生不了任何影响，于是持久而激烈的冲突在新教徒与天主教之间不断上演，历代君主都采取了不同的

精神分析学说提供的证据表明：其实在两个人之间持续存在的几乎每一种密切的关系中，如在婚姻、友谊、父母和子女的关系中，都会逐渐产生一种厌恶和对立的情绪，只是因为压抑而未被感觉到罢了。

★弗洛伊德

方法试图使两者和解，但他们的努力都以失败告终。卡特琳·德·梅迪奇看到，虽然新教一再遭到镇压和迫害，但它的增长势头却依旧迅速，甚至连部分贵族和地方官员都加入了新教。为了进一步促成双方的和解，1561年，王后召集主教和牧师就两种教义的融合问题在普瓦西举行宗教会议。不得不说王后是十分精明的，但这一计划只能说明她对信仰的逻辑法则一窍不通，我们还从未听说过人类历史上哪种信仰是因为辩驳而毁灭或削弱的。王后更不会想到，个人之间的相互宽容虽然较为困难，但终究有可能实现，而集体之间的宽容是根本不可能存在的。最终，她的努力以失败而结束，神学家们在会上各执一词，相互侮辱，没有一个人愿意稍稍让步。所以，这次会议不仅未能达到预期的效果，反而使两者的关系变得更加恶劣。此后，卡特琳又在1562年颁布了一项敕令，规定授予新教徒以自己的方式公开集会、举行礼拜仪式的权利。

这种宽容从某种哲学的角度来看是崇高的，但站在政治角度看来却是极不明智——它只会使双方的矛盾进一步激化。结果，在新教势力最为强大的法国米迪地区，天主教徒遭到了残酷的迫害，他们被迫在暴力下改宗，如果胆敢反抗，新教徒就会割断他们的喉管、洗劫他们的教堂。同样，在天主教的势力范围内，新教徒也遭到了同样的迫害。

　　紧接着这样的对抗又引起了内战，也就是通常所说的宗教战争。法国在很长一段时期内都饱受战乱之苦，城市被劫掠一空，民众朝不保夕。在战争的过程中，那种宗教冲突和政治冲突所特有的残酷令人触目惊心，在多年以后的旺代战争①中这一场景得以重现。

　　在内战中，老人、妇女和儿童遭到了残忍的杀戮。多帕德男爵就是一个残忍的杀戮者，他是第一任埃克斯市议会的议长，在不到10天的时间里，他惨无人道地屠杀了3000人，洗劫了3座城池和22个村庄；一个名叫蒙纳克的人则完全可以称为是卡里埃的先驱，加尔文教徒全部被他投入井中，直到把井填满为止。当然，新教徒也不见得有多么仁慈，甚至连天主教的教堂也未能逃脱他们的毒手，他们还大肆毁坏天主教的坟墓和塑像。

　　法国的问题埋藏已久，事实上早在亨利三世统治时期，法国就因为教派纷争等诸多错综复杂的矛盾而分崩离析，它不再是一个真正意义上的国家，而是被肢解成一个个各自为政的小市政共和国。在这个时候，王室已经没有权威了。旅游家利波马诺在1577年游历法国时，

◢ 教会的权势随之而消失了——它成为一个被拔去了炮台箭垛的堡垒，成了一所被挖空了四面墙壁的房屋。
　　★荣格

───────────────

① 旺代战争，法国革命战争期间，法国中央革命政府与西部王党叛乱势力于1793—1796年进行的战争。因叛乱中心在旺代省，故名。——译者注

对法国的景象大为感叹：包括奥尔良、图尔、布卢瓦、波瓦第尔在内的一些重要城市已经破败不堪，那些各式各样的教堂变成了一片废墟，墓地也只剩下残垣断壁。这种场景不禁让人想起了督政府统治末期的法国。

历史学家认为，在这一时代的诸多事件中，给人留下最悲惨记忆的当属1572年发生的圣巴托罗缪之夜大屠杀，尽管这次大屠杀或许不是被害人数最多的一次，而这场大屠杀是由卡特琳·德·梅迪奇和查理九世一手造成的。

这场大屠杀不是来自于统治者发布的命令，不是来自于王室的阴谋，这次罪行事实上是由教众们犯下的。事情的起因是，卡特琳·德·梅迪奇认为有四、五个新教徒首领正在精心策划针对她和国王的阴谋，于是，按照当时通行的做法，她派人刺杀他们。对随之而来的大屠杀，巴蒂福尔先生给出了不错的解释，他写道："消息传出后，顿时谣言四起，恐慌中的人们认为整个巴黎地区的胡格诺[①]教徒都要被处以死刑。天主教贵族、卫队士兵、弓箭手及普通民众，所有的巴黎人都武装起来涌上街头，他们手握兵器，准备随时参与屠杀。街头回响着'杀死胡格诺教徒!杀死胡格诺教徒!'的口号声，就是在这样的恐怖气氛下，大屠杀爆发了。"于是胡格诺教徒要么被击毙、要么被溺杀、要么被绞死，所有被怀疑为异教徒的人都惨遭厄运，在巴黎，被杀的约有2000多人。

更为糟糕的是，这种惨无人道的杀戮行为也传染到了外省，于是又有6000～8000名新教徒在此次大屠杀中惨遭杀害。

---

① 胡格诺派，16—17世纪法国新教徒形成的一个派别。在1559年的巴黎宗教会议中，被法国各个地区的加尔文跟随者组织起来，此名称的由来是来自于卡佩王朝的创立者于格·卡佩。——译者注

当这种宗教狂热终于过去之后，甚至包括天主教历史学家在内的所有历史学家，但凡提起圣巴托罗缪之夜大屠杀，都表示出了强烈的愤慨。这一点也让我们看到，一个时代的人要理解另一个时代人的精神是一件多么困难的事情。

但是在当时，圣巴托罗缪之夜大屠杀非但没有受到责难，反而在整个欧洲的天主教团体中激起了无可名状的一种狂热：菲利普二世（西班牙）在得知这一消息后喜出望外；法国国王接连不断地收到贺信，这一事件引发的热情甚至远胜于他取得一场伟大战争的胜利。

教皇格里高利十三世更是欣喜异常，为了对这一大快人心的事件表示纪念，他甚至下令铸造了一款金牌，让人点燃狂欢的焰火，鸣放祝贺的礼炮，并通过多次集会来举行庆典，他甚至还命令画家瓦萨里将大屠杀的主要场景绘制在梵蒂冈教廷的墙壁上。他还派遣使者到法国，通令嘉奖法王的"善举"。这些历史细节尽管现在看来让人惊诧，但对我们理解信徒的心理很有帮助，雅各宾主义者在大恐怖时期所具有的心理和精神状态与格里高利非常相似。

作为被屠杀的一方，新教徒自然不会善罢甘休，他们奋起反抗，直至最终亨利三世在1576年被迫通过《博略和约》，将完全的信教自由赋予他们，承认对8个城市的占领，并让

> 新教徒被抛进了一种毫无遮拦的境况之中，这境况足以使自然人瑟瑟发抖。当然，新教徒已经启蒙的意识决不会承认这一事实，他们平静地在别处寻找着欧洲已经失去的东西。
>
> ★荣格

新教徒在议会中占有和天主教徒一样的半数议席。

新教的胜利自然会刺激到天主教，于是这些并不情愿的妥协并没有换来真正的和平，以吉斯公爵为核心形成了天主教同盟，两者之间的冲突不断升级，幸好它没有一直持续下去。我们知道，在1593年，亨利四世宣誓脱离新教，紧接着又颁布了《南特敕令》①，这场战争终于暂时宣告结束。

虽然这场斗争暂时平息了，但它依旧没有终结。新教徒在路易十三统治时期依然没有善罢甘休，黎塞留宰相在1627年被责成围攻拉罗谢尔，有15000名新教徒被杀戮。后来，不是出于宗教上的，而更多是出于政治上的考虑，正统天主教对新教徒表现出了不可思议的宽容。

但即使是这种宽容也没能维持多久，一旦一方觉得具备了与对方抗衡的能力，或具有压倒性的优势，那么，和解和宽容就会如阳光下的露水一样消失了，最终的结果往往是双方两败俱伤。新教徒在路易十四时期的教徒数量只有120万人左右，势力已大不如从前，他们被迫放弃斗争，希望能够和平相处。但是天主教徒却不愿意罢手，天主神父却无法容忍异教徒在法国的存在，于是他们处心积虑，利用一切手段对异教徒进行迫害。因为这些迫害并没有动摇新教的根本，路易十四于是在1685年再次以武力迫害新教，他派出龙骑兵对新教徒展开大范围的追捕和屠杀，许多人惨遭屠戮，但除了血腥的迫害之外，天主教没有更多的收获。愤怒之下的天主教要求法王采取更多措施，路易十四迫于天主教牧师的压力，不得不收回《南特敕令》，一时间新教徒面临绝

---

① 南特敕令，法国国王亨利四世在1598年4月13日签署颁布的一条敕令。这条敕令承认了法国国内胡格诺教徒的信仰自由，并在法律上享有和公民同等的权利。而这条敕令也是世界上第一份有关宗教宽容的敕令。——译者注

境，摆在他们面前的只有两种选择：要么改信天主教，要么远离祖国。据说，这一带有悲剧色彩的移民运动持续了很长一段时间，约有40万名法国人不得不背井离乡，这些新教徒遵从了自己的信仰，把物质利益置之度外，毅然决然地选择踏上远走他乡的不归之路。

六、宗教革命带来的结果

假如仅仅把这段黯淡的历史作为判断宗教改革好坏的依据，那么宗教革命无疑是一场巨大的灾难。但是凡事总有两面性，有些宗教革命确实对文明的进步产生了不可估量的巨大影响。

通过对全民的精神凝聚，这些宗教革命极大地增进了一个民族的物质文明发展。伊斯兰教就是这方面比较突出的例子，毫无疑问，这种由穆罕默德建立的新信仰带来了强大的精神力，这种精神力在短时间内就将阿拉伯那些贫困弱小的部落变成了强悍的国家。

与此类似的是，新宗教信仰所它取得的效果是以往任何一种哲学、一部法典都不可能达到的，它甚至可以改变某些原本几乎不可变更的东西，比如民族的情感。

基督教的诞生——人类有史以来最伟大的一次宗教革命就充分证明了这一点。基督教诞生后，它使人们抛弃了所有异教的信仰，而让一个来自巴勒斯坦地区加利利平原的上帝取而

◢ 在那些已经走出黑暗的人的眼中，上帝已无恶质，且尽善尽美。

★荣格

代之。人们从基督教的理想中获得了这样一个认知：人必须放弃一切世俗的欢乐来换取天堂永恒的幸福。这种理念无疑会更容易被穷人、奴隶及那些被剥夺了此生所有幸福的人所接受。在他们眼中，眼前灰暗无望的生活即将结束，而美好的未来即将到来，这样的想法给予他们心灵上的安抚及精神上的鼓舞。具有良好操行的生活既容易得到穷人的追捧，也容易被富人们所接受，新信仰所展现的力量也正在于此。

当我们回顾基督教诞生之后2000年的历史，可以看到不但人们的生活方式被基督教革命改变了，文明的进程也因此深受影响。接下来，文明的一切要素就开始为宗教服务，人类文明由此就发生了迅速的转变。而作家、艺术家、哲学家所做的不过是将这种新信仰用文字等符号表述出来一旦宗教信仰或政治信仰占据了支配地位，那么理性就会被迫为这种信仰做出牵强的解释、合理化的解释，并且让其他人也接受这种解释。大概有不少神学家和布道者在摩洛神流行的时代，大肆鼓吹以人为祭的必要性，说起来，这种行为与人们盛赞宗教裁判所、圣巴托罗缪之夜大屠杀和大恐怖时期的屠杀没有什么分别。

我们不要奢望那些拥有坚定信仰的民族能在一个各教派势不两立的国度里互相宽容。在古代社会，宽容仅仅存在于多神论者中，这一点在当今时代也未曾改变，恰恰是那些被称为多神论的国家才实现了宽容，比如英国和美国，宗教已经四分五裂，成为无数个小教派，这些小教派在同一名义下信奉着迥然不同的神祇。

宗教宽容总是因信仰的自由和多样性得以形成，但是在信仰多样化的情况下，信仰也顺理成章地被削弱了。于是，我们就遭遇了一个悬而未决的心理学难题：怎样在坚定信仰的同时坚持宽容？

　　在前面我们已经了解了宗教革命的重要作用和信仰的巨大力量，尽管它们在很大程度上是被狂热的情绪所驱动的，但正是由于它们的存在，历史才得以塑造，各民族才得以凝聚在一起而不是一盘散沙。事实上，人类无时无刻不在利用宗教和信仰来塑造自己的思想，指导自己的行为，至少在目前看来，它巨大的作用还不可能被哪一种哲学所取代。

无论这个世界如何看待宗教体验，拥有宗教体验的人必将持有一笔巨大的财富：它已成为他的生活、意义、以及美的来源，并给予世界和人类一份新的壮丽。

★荣格

第三章
革命中的政府行为

一、政府在革命时期的软弱无能

18世纪，在世界范围内革命此起彼伏，比如法兰西、西班牙、葡萄牙、意大利、奥地利、波兰、土耳其、日本等许多国家都是如此，这些革命的显著特征之一就是以雷霆之势迅速推翻了旧政府。

革命的突发性是一种必然，因为在现代社会中，科技的发展使得信息的传播更加方便快捷，精神的传染也随之变得非常迅速。不可思议之处在于，政府在面对革命的袭击时，只会显得软弱无能，只能做出微弱的抵抗。我想，这一点向我们表明了，由于过于相信自己的力量，致使政府根本无法理解和预见革命的到来。

轻松颠覆政府的例子已经有很多，历史已经多次向我们证明了：这一现象不仅发生在那些通常被宫廷政变所颠覆的独裁体制中，而且也曾发生在那些民主的、为公共舆论和民众代表所支持的政府身上。

我们来看一个例子——发生在查理十世颁布《四项敕令》后的政变。让人难以置信的是，仅仅在4天的时间内，国王就被推翻了。首相波里尼雅克在当时几乎来不及采取任何防范措施，至于国王本人更是无所防备——他毫无顾忌地外出狩猎了。路易十六时代的政变也与此相似，虽然军队没有背叛国王，但由于统治者轻慢的态度，导致指挥失误，结果政府被一小撮起义者攻陷了。

历史学家们一直感到很困惑：为什么一个根基稳固的政府、一支装备精良的军队会如此轻易就被揭竿而起的乌合之众推翻呢？于是，他们理所当然地把路易·菲利普倒台的原因归结于某种"深层"的原因。但事实上，政府倒台的真正原因不过是暴乱期间被委以重任的将军们太无能，这其中并不存在什么玄妙的根由。

这个案例非常典型，值得我们深入思考。当时的亲历者——埃尔兴根将军记录下了当时的情况，而博纳尔将军则根据这一记载进行了深入的研究。于是我们知道了当时的情况：当时有36000名士兵在巴黎，但是让人惊讶的是军官们居然在阵前手足无措，根本不知道如何调度这些士兵。他们不但发出了相互矛盾的命令，而且，最为危险的是，普通民众也混入军队之中，以至于到了后来，为了避免伤及无辜，军队拒绝向民众开枪。如此束手束脚的军队几乎不具备任何战斗力。很快，起义就获得了成功，国王则被迫退位。

当我们运用大众心理学的知识运来对该事件做一分析，就会发现那场使得路易·菲利普倒台的小暴动其实是很容易控制住的。在当时的条件下，指挥官保持冷静，只需派出一支极小规模的军队就能够阻止起义者闯入议会，而在这样的条件下，当时由保王派组成的议会必然会宣布由巴黎伯爵继承王位但前提是其母摄政。西班牙革命和葡萄牙革命中也发生了类似的现象。

这些事实告诉我们，常常是一些微不足道的小事成为翻天覆地的重大事变或革命的起因，而这些小事中错综复杂的影响和作用不可小觑。我们不妨推导一下，如果当时路易·菲利普成功镇压了暴乱，那么1848年的共和国、1852年的第二帝国就不可能出现在历史上，色当之役的惨败、普鲁士的入侵及阿尔萨斯的被割占这些历史事件也就不会发生了。

在上文提到的那些革命中，虽然军队在捍卫政府时所起到的作用并不大，但它一直是忠于政府的。而在另一些革命中，我们所看到的情况却恰恰相反，比如，正是军队引发了土耳其和葡萄牙的革命，而在拉丁美洲的各共和国中，很多次的革命都是由军队主导的。如果一个革命是由军队主导的，那么新的统治者必然处于军队的支配和控制下。罗马帝国末期，总是由军队来决定皇帝的存亡废立就是一个典型的例子。

这一推断在当今时代也同样适用，如果读者们阅读一下下面这段刊载在报纸上关于希腊革命的新闻，就可以明白处在军队支配下的政府会沦落成什么样子：

80名海军军官在某天宣布，假如政府依然任用那些他们不认可的领导人，他们将集体辞职；还有一次，王储农场里的一个农民提出了瓜分土地的要求；海军发起了一次抗议，抗议政府晋升佐尔巴斯上校的许诺，于是，佐尔巴斯上校与海军一名上尉进行了一个星期的磋商后，决定撤换参议院议长；在此期间，海军军官遭到了市政联盟的诋毁，一名代表谴责道，"应当把这些军官及其家属以强盗论处"。一般来说，如果没有军队支持或至少让它保持中立，一场革命要取得胜利就困难重重。但我们也常常看到这样的情形，革命早在军队介入前就已经发生比如法国1830年革命、1848年革命及1870年革命。在1870年革命中，法国人因色当的投降蒙受了奇耻大辱，所以，第二帝国被人们一举推翻。

大部分革命都发生在首都这一国家的政治中心，随后才借助传染的作用向全国各地蔓延。当然，这也不能一概而论，比如在法国大革命期间，包括旺代、布列塔尼、米迪在内的一些地方都是自发起来反抗巴黎的，这种革命是自下而上的。

二、政府如何才能阻止革命

分析一下上文中列举的各种革命，我们可以看到政府被推翻的原因大多是由于自身的软弱性，这些软弱无能的政府在面对凶猛袭来的革命时几乎毫无招架之力。

但我们也不能因此就武断地认为所有的政府在革命面前都是无能为力的。俄国的革命就向我们表明，只要积极采取防范措施，及时遏制革命的发展势头，政府也有可能取得最终的胜利，彻底扑灭革命。

对于政府来说，革命的威胁性非常大，革命可以轻易颠覆政权。在东方遭到惨败后，俄国长期处在极端专制统治下的社会各阶级，甚至还包括一部分军队和舰队，纷纷揭竿起义。由于铁路、邮局、通信部门持续不断的罢工，偌大一个帝国各地之间的联系和交通因此而陷入瘫痪。

就在这个时候，革命的宣传逐渐影响到了作为俄国社会主体的农民阶级。农民阶级更易于接受革命，因为他们处在社会的底层，大多数都生活得极为悲惨，被迫在米尔制度下耕种土地，却得不到一点报酬。在这种情况下，于是，为了防止农民暴乱造成进一步的动荡，政府立刻改变了政策，他们决定将这些农民转化为经营者，希望以此来稳定和安抚这一规模庞大的阶级。为此，当局还颁布了一项特别法律，法律强迫地主将一部分土地卖给农民，并且下令银行为土地购买者准备必要的贷款，利息的来源则是从每年收成中抽取出的小额养老金。

这个措施极大地缓和了与农民的矛盾，这样农民阶级就保持了中立，政府开始腾出手来专心对付那些正在焚烧城镇，向人群中投弹，挑起激烈争端的暴乱分子。所有这些人都应当被消灭掉，这或许是人类史上唯一可以保护社会免遭破坏的办法。

那些获得胜利的政府都明白，除了国内那些开明人士的合法要求需要满足之外，还必须采取其他的措施。于是，它选择建立议会来指导立法和控制财政支出。

俄国革命的经验表明，即便政府的天然拥护者都慢慢消失，它仍旧可以凭借相当的智慧和意志，克服重重艰难险阻，稳固自己的政权。所以，我们可以得出一个客观公正的结论：任何一个政府都不是被推翻的，它们常常都是自取灭亡。

三、政府主导的革命：以中国和土耳其为例

对于政府来说，革命是不被欢迎的，政府几乎总是想尽办法要阻止一切革命的发生，它们绝不会自己发起一场革命。当然，在一定的条件下，出于暂时或长远需要的考虑，政府也会谨慎地进行一番自上而下的改革。但一般来说这种改革通常是迫于压力被动进行的，其目的在于缓解矛盾和改变无奈的情形，他们绝不会先于这些要求进行主动的改革。然而，某些政府有时也会实施一些突发的改革，我们常将之称为革命，这种改革能否成功取决于当时国民精神状态的稳定程度。

我们假设一种情形：如果这种革命的对象是由半野蛮部落组成的民族，他们之中不存在固定的法律和习俗，不存在稳定的民族精神（national mind），那么，实施这种革命的政府就能成功地实施新制度。彼得大帝统治下的俄罗斯就处于这样的状态，他通过武力成功地将那些半亚细亚的人口欧洲化。

还有一个由政府发起革命，案例也较为典型，这个案例是日本为我们提供的，但被彻底改造的不是这个国家的精神，而是它

的机器。

要想完成这样一个任务，哪怕仅仅是完成一部分，也需要一个强大的独裁者和其他人有力的辅佐。因为改革者常常会发现，他的对面站着整个民族，这与一般革命的情形恰好相反，在这里，独裁者是革命的，而民众却是传统而保守的。

这些尝试通常情况下总是会以失败告终。不管是自上而下的，抑或自下而上的革命通常都不会改变长期以来人们所形成的精神状态，它所能改变的只是那些随着时间的流逝慢慢变得落后腐朽、跟不上时代变化的东西。

现在，在中国正在进行一场十分有趣但注定失败的革命，它试图通过政府的努力在极短的时间内改变这个国家的制度①。长达数千年的古老君主制王朝之所以会被革命推翻，其中一个原因就是清政府为了改变现状而强制推行改革，比如禁烟禁赌、改革军队、建立新式学校等。但是对于接受了几千年封建统治的人们来说，他们既不能快速认知并接受这种新型的政治体制，又对改革带来的增税感到不满，因此，革命的爆发也就无可避免了。

有少数几个在欧洲学校接受过西式教育的中国人利用其国内的这种不满，发动民众起义，并宣布建立一个共和国，而在此之前，中国人对共和制其实没有什么概念。

但是在我看来，这种共和制注定会在短期内消亡，因为催生它的不是一个真正进步的运动。对于那些受过一些欧洲教育的中国人来说，"共和"一词也不过意味着摆脱一切法律、习俗和长期建立起来的规范的束缚与羁绊，他们并没有体会到"共和"的真正意义。这些年青的华人剪掉了辫子，戴上了帽子，以共和人

----

① 此处是指辛亥革命。——译者注

士自居，试图以此改变他们的天性。这与大革命时期大多数法国人所认知的共和观念是何其相似！

但是迄今为止我们还没有发现这样的一个"魔戒"，即利用它的力量在不通过纪律约束的情况下挽救一个社会。在纪律已经内化为一种遗传因素的情况下，就没有必要下大力气进行规制，然而，当祖先经年累月建成的世俗屏障因原始本能无拘无束的宣泄而被冲破时，只有严厉的专制才能重建秩序。

接下来我们还要举一个土耳其最近发生的革命案例，这个革命与中国极为相似。数年前，几个接受了欧洲良好教育的年轻人，怀着一腔爱国热忱，他们在一群军官的帮助下成功推翻了当时的苏丹政权，而事实上这一政权的专制程度还不至于太恐怖。当时，野蛮和文明在土耳其势均力敌，这个国家因宗教仇恨和民族矛盾而分崩离析，不断发生内乱。然而，就是在这个混乱不堪的国家，革命者就像我们拉丁人一样虔诚地信奉规则所具有的神奇力量，他们认为自己完全有能力建立起代议制政体。

但是，直到今天，我们并没有看到这一努力有任何重大成果，改革的发起者们不得不承认，尽管他们信奉自由主义，但他们仍然延续着几乎全套的苏丹政府的统治方法：这使得他们不仅对政府草率的处决无能为力，对基督教徒的大规模屠杀也起不到任何遏制作用，他们甚至不能废除某种陋习。

我们必须说对这些改革者进行指责是不公平的，实际上，面对这样一个有着悠久历史和顽固传统的民族，他们又能做些什么呢？宗教热情在这个国家空前地强烈和高涨，虽然信奉伊斯兰教的人只占少数，但他们却可以根据法典合法地统治其信仰的圣地。在这个国家，民法与宗教法还未完全分离，民族思想得以维系的唯一纽带仍是对古兰经的信仰，在这样的背景下，要阻止伊斯兰教成为国教谈何容易？

正是在这样的背景下，专制体制再次粉墨登场，。这样的事实并不少见，我们可以得出这样一个结论：除非首先改造它的精神，否则一个民族就无法改变自己的制度。

四、革命无法改变的社会要素

我们接下来探讨的是民族精神的刚性基础（estable foundation）。我们从这种刚性基础中可以体会到政府体系所具有的强大的传承力量，如古代的君主政体，一个君主政体或许是很容易就可以被推翻的，但是，反叛者在改朝换代后会依然实行原来的政体，而不去改变君主政体所遵循的原则。比如，拿破仑倒台之后，取代他是波旁王朝的后代，而不是他的嫡亲子嗣，前者代表着一种古代原则，而"皇帝的儿子"这一人格化的概念并未深入人心。

一般来说，大臣即使具有超凡的才智，也基本不可能推翻其君主。俾斯麦就是其中的典型代表。这位铁血人物一手创建了德意志联盟，然而，他的生死却依然操控在主子手中。由此可见，单个个体的力量在公共舆论的支持面前，显然是毫无抵抗之力的。

然而，由于这样或那样的原因，这个社会组织的要素并不会随着政府本身的的变化而同时大规模地消失，这一点我们可以从法国大革命期间发生的事件中窥见一斑。

如果我们忽略法国以前的历史，仅看法国大革命以来的动乱历史，或许我们就会形成这样一种观念，认为法国是一个处于严重无政府状态的国家。但是，事实上，法国的经济、工业，甚至政治生活都表现出一脉相承的连贯性，所有的革命和政府都未对它造成影响和阻碍。

实际上，历史上值得关注的除了宏达事件，还有很多微末细节，这些不被人重视的细节与人们的日常生活密切相关。它们被那些不以人的意志为转移的、专横的必然性所控制，正是它们的总和构成了人类的真实生活。

研究最近100多年的重大历史事件可知，名义上的法兰西政府经历了巨大的变化。但是，当我们把考察的目标转向日常生活中的琐事时，就不难发现，与表面上的巨变相反，真实的法兰西政府基本没有发生任何本质上的改变。

那么我们要提出一个问题，究竟是什么力量真正主宰着一个民族的命运呢？在生死存亡之际，国王和大臣毫无疑问对于一个民族来说是极其重要的，然而，对于那些构成日常生活的细节来说，他们其实不足道。真正对一个国家起决定性作用的是那些不为个人意志服务的行政部门，政府的交替更迭对它并不能产生很大的影响。行政部门守护着传统，其他所有的要素几乎都被这种神秘主义的力量所控制。正如我们将要指出的，它们所能发挥的作用其实远超乎人们的想象，它们可以在形式意义的国家之外，单独构成一个拥有更大权威的无名国家。所以，可以说法兰西其实是受到各部的首脑及政府职员统治的。随着对革命历史的深入考察，我们会越来越清晰地知道：发动一场革命是十分容易的事情，但改造一个民族的精神却非常困难。

第四章
民众在革命中扮演的角色

一、民族精神的两大特征——刚性与柔性

当我们要解读一个民族在特定时期的历史时，首先要做的就是把它放到当时所处的环境中去考量，而且还要重点关注它所经历的过去。虽然个人可以从理论上否认过去的历史（类似于大革命时代的人们及今天的许多人），但历史产生的影响是不能忽略的。

民族精神赋予了一个民族以力量，这种精神是通过世世代代的缓慢积累和沉淀形成的，其中包括思想、情感、民俗乃至一些陈规陋见。如果这种民族精神不存在，每一代人都必须从头开始，人类的进步也就无从谈起。

衡量民族精神的标准在于构成民族精神的那些要素是否拥有了某种程度上的刚性和稳定性，但这种刚性必须保持在一定的限度之内，不能超越这个限度，或换个说法，它还必须具有一定的柔性。道理很简单：失去了刚性，先辈们的精神就难以为继；而没有柔性，先辈们的精神则无法融合适应文明进步所造成的环境变化。

假设一个民族的精神太过刚硬僵化，那么我们将会看到革命不断地发生在这个民族身上；而如果民族精神太过柔韧，这一民族精神就会走向没落、衰亡。不仅人类如此，普通物种也遵循着

这一规律，如果仅仅坚守原来的意识形态，无法融入新的时代，不能适应新的生存环境，那它所面临的就只有死路一条，这也就是所谓的物竞天择、适者生存。

在历史上，我们很少看到有民族能在刚性与柔性这一对相互矛盾的品性之间找到合适的平衡点，古罗马和当代的英国算得上是实现这种平衡的典型了。

暴力革命常常发生在那些民族精神异常稳固、持久的民族中间，因为无法通过逐步的自身演进来适应变化的环境，所以一旦必须做出这种适应时，他们就只能被迫在猝然之间激烈地改变自身。

毋庸置疑，民族精神是一个民族创造自身历史文化的基础，而民族精神的刚性特征绝非是在短时间就可以形成的。只要一个民族未能形成自己的民族精神，那么它就是一个欠缺凝聚力和向心力的、未开化的游牧部落。所以，从罗马帝国末期法兰克人入侵以来，经过了几个世纪的时间的积累和沉淀，法兰西人才形成了自己的民族精神。

民族精神建立几个世纪后，这种精神再度开始变得僵化，这种僵化是在演变中慢慢发生的。如果柔韧性的因素能在她的民族精神中多一点，或许古代的君主政体就可以像其他国家那样循序渐进地转变过来，那么大革命或许就不会发生，重塑民族精神的任务也不会这般艰难。

从上文中，我们可以看到法国大革命的内因，民族精神的重要性，以及为什么相同的革命在不同的国家会产生截然不同的结果。以法国大革命为例，有些民族对它表达了崇高的热情；而有些民族则表现得十分冷漠，甚至反感厌恶。正是民族精神的不同造成了如此迥然不同的反应。

我们再来看看英国。经历了两次资产阶级革命，还把查理一世这个国王送上断头台之后，英国仍然可以称为一个政治稳定的国家。之所以这样说，是因为英国的民族精神十分稳定且坚固，正是在这种稳固的精神作用下英国人足以守住传统；同时，其民族精神中所具有的柔韧性，足以使其对自身不断进行修，取其精华去其糟粕。正是基于这种伟大的民族精神，英国人从未像我们大革命中的革命者那样，幻想在理性的旗帜下彻底打破古代的传统制度和观念，并建立一个崭新的、虚无缥缈的社会。

索列尔①曾这样写道："对于政府的无能和牧师、贵族阶层的整体腐化，法国人表现出了强烈的憎恨和厌恶，他们全力反抗，试图挣脱法律的束缚和羁绊。但英国人则不同，英国人则将宗教、宪法、贵族制及上院视作他们的荣耀。当然，英国人也承认，城堡内部的命令并非完美，甚至颇具争议，但这些争议只会在内部得到解决，绝不容许陌生人来替代包办。"

在南美那些共和国的历史中，民族气质对民族命运的影响非常明显。在这些国家中，革命和政变时有发生。这里的民众大多是混血儿，他们祖先固有的明显特征业已被错综复杂的遗传所稀释，原来的民族气质和传统性格也越来越淡薄，这无疑会严重影响民族精神的形成，稳定性就更谈不上了。历史也像我们证明了，最难统治的往往都是混血的种族。

只有将考察对象转向那些曾先后被两个民族统治过的国家，我们才能了解由于民族原因而造成的政治能力的差异。我们可以找到的典型的例子有近代的古巴和菲律宾。这两个国家一开始都是受到西班牙的统治，后来又转由美国进行统治。

① 索列尔（Georges Sore，1847—1922）是法国记者和社会政治思想家。他是法国团主义运动的领导人，也是这方面最早的著作者之一。在他的许多著作中，《暴力论》（1908年）和《进步的幻想》（1908年）一般被认为是最重要的。——译者注

西班牙统治下的古巴一片混乱和贫困，但是，美国统治下的古巴却呈现出一派繁荣昌盛的景象。

菲律宾的情形也大致相同。在长达几个世纪的时间里，西班牙长期控制着菲律宾，但西班牙统治下的菲律宾情况越来越糟：这里灌木丛生，病疫四处流行，没有现代工业，也看不到商业的痕迹，民众生活十分艰难凄惨。可是，在美国接管后的短短几年里，这个国家的交通、教育、医疗等各方面都发生了翻天覆地的变化：包括疟疾、黄热病、瘟疫、霍乱在内的病疫被彻底消灭；沼泽得到了妥善的治理和改善；铁路、工厂、学校在农村陆续建立了起来；人口死亡率甚至在13年的时间里降低了三分之二。

这些实例可以给理论家们一个提醒，对民族这个词所蕴含的深刻含义一定要给予高度重视，且要谨记民族精神的重要性，一种精神可以决定一个民族的命运。

二、民众眼中的革命

在任何一场革命中，民众总是处于被动地位：他们既不会自发地去发起一场革命，也不能胜任指导革命的艰巨任务；他们所能做的就是在革命运动中受革命领袖的领导。

只有在直接利益受到严重触动时，各阶级群体的民众才会发起反抗，但这仅限于地方性的、偶发的运动，最终它所形成的也不过是一场群体性骚乱，而非真正的革命。

发生在葡萄牙和巴西的革命已经证明了这一点：当领袖具有超凡的领导才能和卓越的影响力时，革命就会非常容易发生。然而，要让民众从内心深处接受一种新的思想，并且将其付诸实践，则需要非常长的时间。通常情况下，民众往往是在一知半解，还没有真正全面认识新思想的情况下，就糊里糊涂地接受了一场革命，等他们终于理解了革命的原因时，革命却早已结束了。

于是大多数情况下，民众只是在革命领袖们的宣扬和鼓舞下民众匆匆投身于革命，但他们对革命领袖们的真正意图并无多少理解。他们按照自己的方式来理解革命意图，这种理解与革命真正发动者们所向往和希望的相去甚远，法国大革命的情况就是典型的例子之一。

1789年大革命的真正目的是资产阶级想要分享贵族阶级的权力，或者说，平庸无能的旧精英将被精明强干的新精英所取代。

在大革命的最初阶段，民众虽然会公布民众主权的原则，但它所谓的民众主权也不过是人们享有选举代表的权利，而民众自己的权利则并未被列入革命的议题中。

就文化或见识方面来说，普通民众的修养不可能与中产阶级一样高，他们未必同样拥有跻身社会上层的强烈渴望。事实上，经过数百年甚至上千年的洗脑，他们已经不认为自己与贵族是平等的，甚至从来不会奢望拥有与他们一样的平等地位。所以，普通民众无论是在看法上还是利益上，都与社会上层阶级存在很大的差别。

然而，普通民众毕竟是构成一个国家的主要群体，议会与王权之间的斗争都需要有他们的参与，革命者需要得到这一规模庞大的群体的支持和拥护，这样导致的结果就是民众越陷越深，很快，资产阶级革命就演变成了一场大

▲ 只有当人能够察看自己的内心深处时，他的视野才会变得清晰起来。向外看的人是在梦中、向内看的人是清醒的人。

★荣格

众革命。我们必须知道，单独一种思想本身并不具有很大的力量，但在情感及神秘主义的支持下，它却能发挥不可估量的作用。因此，在对普通民众产生影响之前，资产阶级的理论必须按照明显的实际利益转化成一种新的、非常明确的信仰。

"能与原来的主人平起平坐"这样巨大的诱惑，对于民众来说无疑是具有强大吸引力的，他们为了自己的实际利益，就会积极响应和拥护革命，接下来发生的一切也就顺理成章了：民众开始觉醒，意识到自己是受害者，在政府的蛊惑下，他们开始暴力烧杀、无所不为，而且群体中的民众还会认为这样做是在行使自己的正当权利。

革命原则之所以能够产生巨大的力量，主要是原因在于它们放纵了野蛮的原始本能，而在此之前，社会环境、传统及法律一直约束着这些本能。

在革命领袖的承诺和动员下，群众开始狂热起来，理性已不复存在，那些原本存留的社会约束被逐渐卸除，到最后，群众被拥有无限权力的欲望冲昏了头脑，他们幸灾乐祸地看着以前高高在上的阶层被驱逐、掠夺。既然大家都拥有同样的主权，有什么事情是不可以做的呢？

在革命之初，革命领袖们所倡导的自由、

📖 后来在人类社会中出现的"群体精神"一类东西，正是从原来的嫉妒中衍生出来的。没有人能突出自己，人人都应平等，应拥有同样多的财产。

★弗洛伊德

平等、博爱等格言，确实表达了民众对真实希望和信执著追求。但是时间会让很多东西变质，嫉妒、贪婪及对优越者的仇恨随着革命的发展和深入越来越多，人们被一时的欲望和仇恨遮住了双眼，最初所追求的平等、博爱已经沦为人们为各种丑行辩护的堂皇借口，沦为邪恶情感的遮羞布。在这些口号的背后，脱离纪律的束缚才是大众真实的动机，这也就是大革命爆发不久之后就因失序、暴力、无政府状态而告终的原因所在。

由于下层阶级具有局限性，因此一个无可避免的情况就是，当革命从中产阶级向底层社会蔓延时，理性对本能的支配也就宣告终结，本能反过来开始支配理性。

这种遗传的本能对理性的胜利是压倒性的，文明社会所做的全部努力就是要将人类的自然本能通过社会传统、习俗及法律的力量来加以限制。这些自然本能正是人类遗传而来的原始兽性，人类完全有可能将其控制起来，一个民族如果将这些本能控制得越好，那么这个民族的文明程度也就越高。但这种本能只是蛰伏起来而不可能被完全消除，它们可能很容易被各种各样的因素所激活，而一旦故态重萌，所造成的恶果是难以想象的。

这就是为什么民众的狂热一旦被点燃后会变得如此可怕的原因，这种热情如同奔流的洪水，冲垮堤坝、势不可挡，直至泛滥成灾，哀鸿遍野。里伐罗尔在大革命之初就曾经哀叹道："激发出一个民族的精神糟粕，无异于引火烧身……进行民众启蒙和开导的时代早已不复存在了。"

三、民众在大革命中起到的作用

大众心理学的法则告诉我们：民众虽然可以被顺应、夸大所受到的刺激等方式激发出高涨的热情，并且在革命中扮演重要角色。但如果失去了领袖的指导，那么无组织民众在革命中是起不到什么作用的，他们不能成为运动的领袖，也不具备开明的思想和意识主动去完成革命的目标。回顾一下历史，我们就可以清楚地看到领袖在政治革命中所发挥的重要作用。他们或许不能自己创造革命理论，但他们却十分了解如何将理念作为辩护的手段。对于一场革命来说，革命理念、领袖、军队、大众是四种不可或缺的要素。

在领袖强有力的动员下，民众的队伍不断壮大，并迅速成为了一股不容小觑的力量，他们的行动宛如一颗炮弹，经过外力的激化，可以产生它本身所没有的一种足以将钢板穿透的冲击力。革命在民众的追随和支持下如火如荼地进行着，但作为主要参与者的民众真的了解革命吗？不，他们其实完全不了解革命的性质和目的，他们从来不会问一问自己需要什么，只是虔诚地追随领袖，按照领袖的意志行动。比如在七月革命中，如果你问民众推翻查理十世的理由，民众会说是因为他颁布了《四项赦令》，虽然实际上他们对这项赦令本身却毫不关心，甚至有可能完全不了解《四项赦令》的具体内容。后来群众又把路易·菲利普赶下台，但如果问起这样做的根由，估计很少有人说得出来。

米什莱、奥拉尔等很多作家都被事物的表象所迷惑，没能看透革命的本质，所以他们都

> 很多人会放弃自己的个人目标转而去追求集体一致性。之所以他会这样做，同他所处的环境，集体观点，信仰乃至理想，息息相关。
> ★荣格

一致认为我们伟大的革命是由民众发动的。

米什莱就曾断言："民众是革命的主角。"

而奥拉尔则这样写道："有人认为少数几个杰出人物或英雄人物发动了法国大革命，这毫无疑问是谬误的……就我个人而言，我相信，在1789—1799年这段历史中，没有谁能仅凭自己的力量就左右事件的发展，不论这个人是路易十六、米拉波、丹东抑或是罗伯斯庇尔。法国民众究竟是不是法国大革命的真正主角？——我想，只要将法国民众看作是有组织的群体，而不是乌合之众，那么答案就是肯定的。"

现在很多人仍坚持这个观点，比如柯钦先生就写道："在我看来，米什莱的观点是正确的，这真是一个民众创造的奇迹。就是这样一群乌合之众，在不依靠领袖、法律，在处于混沌一团的社会背景下，用五年的时间建立了政府，并对全国发号施令，这个群体的言行所表现出来的明确、连贯、一致让人感到不可思议。他们从无政府状态中获益良多，旧的秩序被打破，很快，新的秩序与纪律就建立起来了……分散于3万多个街区社团的2500万人行动起来是如此的协调统一、步调一致。"

如果真像作者所说的那样，民众同时采取的这些行动完全是自发的，那么的确可以将之

> ◢ 个体心理学研究的是个体的人，探讨的是个体的人所寻求的满足他的本能冲动的途径。然而，只是在极少数的、十分例外的情况下，个体心理学才可以忽视个人与他人之间的关系。在个人的心理生活中，始终有他人的参与。
>
> ★弗洛伊德

47

称为一个奇迹。但实际上这是不可能的，只是一种设想而已，因此，再提起民众时，这些作家们总是特别小心地指出所谓的民众是指群体，而且，这一群体很有可能由某些领袖来领导。

那么，究竟是什么要素让民众们凝聚在一起呢？又是谁在内战威胁国家统一的关键时刻力挽狂澜，拯救了这个国家呢？是丹东、罗伯斯庇尔或卡尔诺尼吗？不可否认，这些人起到了重要的作用，但事实上，是民众真正维护了团结、捍卫了独立，是它把法国民众组织为公社或群众团体，也正是法国的地方自治团体使欧洲反法联盟被迫撤军。如果我们愿意对这些团队做细致观察，就会发现总有几个人在这些团体当中，显示出非凡的才智，他们在政策制定和决议执行中，总是表现出无可比拟的领袖风范，但我们发现（如在阅读民众俱乐部会议记录的时候），他们的力量与其说来自他们自身，不如说来自他们所处的那个团体。

奥拉尔先生最大的错误就在于，他将这些大大小小的团体的起源归结为"一场满是博爱与理性的自发运动"。当时，法国全国有成千上万个小型俱乐部，它们谨小慎微地将巴黎的雅各宾俱乐部总部视为行事的标准，亦步亦趋。这就是事实带给我们的经验和教训，可是出于对雅各宾派的幻想，很多人都对这一事实坐视不理。

四、大众及其构成要素

有些人将民众设想为一个神秘的群体，无所不能的，具备所有的美德，政客们的赞赏和溢美之词不绝于耳。接下来，让我们看看在法国大革命中，民众究竟扮演了什么样的角色，又是怎样被塑造成一个概念的。

与在大革命时代一样，民众这一大众整体在今天也仍旧被雅各宾派奉若神明，它不仅不必为其所做的一切承担责任且从不会犯错，因为民众的意愿一定要得到满足，民众可以肆无忌惮地烧杀抢掠。政客们则根据自己的政治需要要么把民众吹捧到天上要么把他们贬得毫无价值。政客们一刻不停地吹嘘民众的崇高美德和卓越智慧，并俯首帖耳地遵循他们的每一个决定。

那么，民众这个一直被革命者们奉若神明的神秘实体究竟是由什么组成的呢？

我们可以将之分成两种类型，这两种类型截然不同：第一类包括农民、商人和各行各业的工人，这些人安居守业，渴望有安宁的生活和稳定的社会秩序。这一类人占据了民众群体中的大部分，他们的头脑中没有革命的概念，他们只想本本分分地劳作以维持生计，历史学家们也常常将他们遗忘。

第二类则包括了那些颇具破坏性和报复性的社会人，这些人被犯罪心理所控制，正是因为他们野心强大，才使得国家动荡不安。起义队伍里最危险的群体就是由酗酒成性的穷困潦倒之徒、乞丐、盗贼、市井无赖、居无定所的雇工所构成的。

这些人虽然胆大妄为，但对法律的惩戒却还怀有深深的恐惧，这也正是他们中的大多数会对自己的犯罪倾向有所收敛的原因，但法律的约束消除之后，他们的邪恶本性就会占据上风。那些将革命美誉玷污的一切大屠杀都应当归咎于这一罪恶的肇始之源。

正是在领袖的指挥下，这一伙人不断地攻击大革命时期的革命议会。他们无法无天，放纵自己邪恶的本性杀人放火、打家劫舍，除此之外，在他们身上找不到革命理想，他们根本对革命理论、原则没有一丝一毫认识，自然也就不会把它们放在心上。

除了这些人以外，还有一些从最底层平民中分化出来的罪恶分子，这帮人终日游手好闲，他们也早地混入了革命队伍。当其他人在为革命大声呐喊时，他们也一起浑水摸鱼，大喊大叫；其他人在进行暴动，他们也跟着造反，但是从头到尾他们都不知道自己行为有什么目的。他们只不过是因外界环境和周围民众的变化而变化，他们的行为只是受到环境的影响，而无法受到理性的控制。

这群暴躁又危险的投机分子和乌合之众，一直以来都是革命的始作俑者，革命的煽动家们看中了他们的这一特性，并给予了极高的关注。他们在煽动家们的眼里就是拥有至上权力的民众，然而实际上，底层的广大民众才拥有最高的主权，这些人正如迪耶尔所描绘的那样：

自民众为罗马皇帝所犯下的滔天罪行唱诵赞歌以来，他们的本性从无改变。这群野蛮的家伙集结在社会底层，伺机而动，一旦得到了权力的首肯或革命领袖的青睐，他们就会用罪行来玷污民众的美名，破坏所有美好的事业。

毫无疑问，法国大革命得到了社会最底层大众长久的支配，而这种情况在历史上是非常罕见的。

从1789年开始，一旦激发并释放了大众深藏的兽性，就意味着一场场惨绝人寰的大屠杀。这些屠杀无所不用其极，其残酷性令人发指。比如在九月屠杀中，泯灭人性的暴徒们用马刀凌迟囚徒们，以此延长他们的痛苦，用这种缓慢的屠宰方式取悦观众，并且从受害者痛苦的尖叫中获取快乐。

类似的场景早在大革命之初就在法国出现了。那时也没有爆发对外战争，所以也不存在能为这种残忍行为进行开脱的借口。

从3月到9月，法国的国土上暴行不断，泰纳曾列举了120个这样的例子，包括鲁昂、里昂、斯特拉斯堡等在内的城市都被大众占领和控制，一时间尸横遍野。

暴徒们用剪刀把特鲁瓦市长的双眼戳瞎，市长在经历了几个小时的痛苦折磨后才死去；原龙骑兵团长贝尔鲁斯被一些人活活剐成碎片；在法国的许多地方暴徒们甚至残忍地把受害者的心脏挖出来，用枪尖挑起来大摇大摆地招摇过市。

这就是底层民众的规范体系限制的后果，他们能够如此理直气壮地实施暴行也不过是迎合了那些政治家们的野心。想象一下，如果将成千上万的暴民压缩为一个人来看待，那么他将是一个怎样残忍、狭隘、可憎的怪物，他将比历史上那些残酷成性的暴君还要可怕。

然而，只要有一个强大的权威出现，他们就会被镇压下来，从暴力变得百依百顺。纵观历史，我们不难得出这样一个结论：暴戾程度越高的民众往往奴性也越强。各类型的专制暴君也都对此心知肚明，因此他们不惜用各种手段拉拢这个群体并加以利用。比如，恺撒必然就会受到他们的热烈欢迎，除此之外还有卡尼古拉、尼禄、马拉、布朗热、罗伯斯庇尔等。

但是就像我们在上文中指出的，这些所谓的大众不过都是些社会渣滓而已。民众的主体是一个真正意义上的大众的群体，这些民众更温顺，他们所要求的也仅仅是劳动的权利而已。他们在有些时候的确也可以从革命中获益，但从来就不会自发地发起革命。革命理论家们对这一群体其实缺少了解，也不信任他们，因为他们知道这是一个传统而保守的群体。但实际上，他们才是国家的中流砥柱，正是因为他们的贡献，国家才得以维持着传统的力量和连续性。恐惧会使这些民众显得懦弱而驯服，有时也会因为领袖们的蛊惑和怂恿而做出极端过激的行为，但是这一过程不会维持太长时间，在民族传统惯性力量的作用下，他们很快就会对革命产生了厌倦。当革命所造成的无政府状态逐渐失控时，民众心中固有的民族精神就会重新被激发出来并与之对抗。这时，他们就会冷静下来，并开始考虑寻找一位有能力重建秩序的领袖。

他们对革命领袖的命令言听计从，内心并没有所谓崇高或复杂的政治观念和政治理想，总是一心向往和平。通常来说，他们所追求的理想政府简单至极，无外乎是在一种稳定的政治环境下的生活，比如独裁政府，这也就是自古希腊时代至今，通常在经历无政府状态之后，独裁政治就会继之而起的真正原因。在法国，拿破仑的独裁统治在第一次大革命之后开始出现，并得到了群众普遍的拥护；再后来，路易·拿破仑虽然遭到了一些反对，但他依然连续4次当选为共和国总统：当人们认可了他的政变之后，他又重新建立了帝国，并独掌大权直到1870年普法战争开始。

想要真正地理解民众在革命中所扮演的各种角色，我们就不应该遗忘这一章中所回顾的这些事实。我们不能小觑民众在革命中起到的作用，但它与传闻相去甚远，传闻不过再现了其生动性，而对于其他方面就纯属谣言了。

第二卷
革命中的主要心理形态

第一章
革命中个体人格的变化

一、人格的变化

之前，我曾经对人的性格做过较为详尽的论述，如果我们无法对人格有深入理解，就无法了解在一些特殊时期（革命时期），人们在行为上的变化及其内在矛盾。我在这里就只是挑选一些要点介绍如下。

个体是复杂的，除了某些惯常的精神状态之外，个体还具有一些容易变动的性格：一般来说，只要环境不变，前者就会保持稳定；而后者则通常是由突发事件引起的，它具有很多的可能性。

特定的外部环境造就了现实生活中的人，而非所有的环境。难以计数的小我（cellularesos）构成了整体的自我，这些小我是由祖先的人格积淀下来的。这些要素通过组合达到某种平衡，只要社会环境稳定不变，这一平衡就会长久地保持下去；而一旦突发的动乱破坏了环境，那么这一平衡就会被打破，它

1 勒庞认为，在一个群体中，个人的特殊的后天习性会被抹杀掉，他们的个性也会消失。同质的东西淹没了异质的东西。
★弗洛伊德

2 当魔鬼成为我们内心的主宰时，不要做，一做便是错。要么行之不足，要么过犹不及。只有魔鬼不再发挥作用的时候，我们才能达到平衡的状态。
★荣格

们会很快四分五裂，继之而起的是由崭新组合形成的一种全新的人格。思想、感觉及行为以各自的形式体现这一全新的人格，这时我们将会看到，同一个个体将发生不可思议的变化。这就解释了在雅各宾派恐怖统治时期，为何那些淳朴憨厚的资产阶级和以友善著称的政府官员会变得嗜血成性、残酷无情。

所以，那些参与重大宗教事件和政治事件的人看上去似乎与常人差别很大，但事实上，他们也只是与我们一样的普通人而已，同一种类型的人将由类似事件的重复发生而塑造。

拿破仑对人性的这些特征非常了解，他在圣赫勒拿岛的回忆中说过这样一段意味深长的话：

偶然性在做出政治决策时所起到的作用远超过一般人的想象，正是因为深知这个道理，我才没有苛求去人们在动乱之中的所作所为，摆脱这种成见并不像想象中那么容易……在革命期间，人们应当只谈论他们已经做了的事，而不是妄议那些无能为力的事情……对人类的行为保持客观的理解并非易事……大众能够真正明白自己的行为吗？他们能说服自己吗？实际上，随着环境的变化，他们所表现出来的善恶简直判若两人。

传统的、旧有的人格因素在特定事件的影响下开始分解，那么，新的人格在这时又是如何塑造的呢？

仔细研究后我们会发现，有很多途径可以塑造新的人格，其中最有效的一种方式就是对一种信仰怀着强烈的执著追求，它能够清晰地指明新人格形成的方向，这简直就像磁铁聚拢金属屑一样快速有效。

在诸如十字军东征、宗教改革、法国大革命这样的重大历史事件或历史时期中，我们能清晰地观察和认识到这种方式如何塑造了新的人格。

在我们正常的生活中，由于环境变幻莫测或由于变化极其微小，我们看到的个体大多始终保持着单一的人格。但这并不是恒定的，在某些时候，在特定的环境影响下，个体身上也会呈现出多种人格相互替代的现象。

这些人格相互之间表现并不一致，最极端的情况下这些人格甚至处于完全对立的状态。单一个体具有多重人格的现象在病态心理学中是十分普遍的，我们可以把莫顿·普兰斯和皮埃尔·珍妮特两人所征引的案例当作参考。

需要注意的是，智力在所有这些人格变异的例子当中并没有什么异常，发生改变的是构成性格的诸多情感因素。

二、大革命期间最主要的性格因素

在革命中有一点是必然发生的：一旦普遍的社会约束被打破，一些原本被压制的情感就会开始潜滋暗长，等待破土而出、尽情发泄的时机。

法律、道德及传统都在这些社会束缚之列，这些东西是民族传统千百年来的积淀，它们不可能被完全消除。而这些束缚在经历了社会剧变之后，束缚力已经变得异常微弱，但仍然在某种程度上减缓了危险情感的大爆发。

民族精神是这些社会约束中最强有力的，就像我们在前文所说的，它决定着一个民族中主体的观察、体验和面貌，它是遗传性习俗的基础架构，可以说，没有任何比习俗更强大的纽带了。

从历史上来看，一个民族的变化总是受制于这种民族性的影响，它甚至可以在特定的范围之内决定一个民族的命运，一切表面的变化都无法超越它的作用。以法兰西的民族精神为例，它似乎在一个世纪的时间内发生了翻天覆地的变化：短短的几十年，它就由大革命转向恺撒主义，进而转变为复辟君主制，紧接着又爆发了革命，最终又变成了新的恺撒。表面看来，法国时局风起云涌，瞬息万变，但是实质上它仍保持着原样，没有任何事物被触动。

没必要深究国民性变化的局限性，但对某些情感因素的影响却不能不进行一些考察和研究，因为正是这些情感因素的发展和变化在革命期间导致了个体和群体人格的变异。在这些情感因素中，特别要提到的是仇恨、恐惧、野心、嫉妒、虚荣和狂热等情愫。值得庆幸的是，法国大革命给我们提供了许多这方面的案例。

仇恨

仇恨是一种非常强烈的情感，同时它又是一种正常的心理情绪。大革命时期的人们，因为对人、对制度及对某些事情的仇恨而深受刺激。他们的仇恨不仅针对敌人，甚至还针

今天的许多人把"人的真实存在"仅仅理解为是人类内在的永不满意、反常、以及贪婪方面，完全忘记了正是这些人类，也建立起那些稳固的文明形态，它们比所有无法无天的暗流更强大、更稳定。

★荣格

对"自己人"，正如一位作者最近所指出的："要是我们对这些革命者之间的相互指控深信不疑，我们可以轻易得出这样一个结论，即他们全部都是叛国者，他们热衷于侃侃而谈，既腐败又无能，他们骨子里与暴君毫无分别。"我们知道，人们正是因为怀揣这样一种置对手于死地而后快的仇恨心理，才开始相互迫害，相互残杀，大革命中的吉伦特派、埃贝尔派、罗伯斯庇尔派、丹东派等派别都同样如此。

不宽容是仇恨心理产生的主要原因，这些狂热的宗派主义者总是自以为掌握了绝对的真理，并且不容许任何人反对，然而一旦全部信徒都产生了类似的想法，他们所能做的就只剩下相互排斥，自己的是虔诚信仰，其他人的信仰就是异端邪说。因此一旦他们掌握了大权，残暴的大屠杀就一触即发了。

那些造成革命者反目的仇恨已经完全失去了理性，假设它们还具有一定的理性起源的话，它们或许就不会持续如此之久，但遗憾的是那些仇恨的起源总是与情感的或神秘主义的因素相连，仇恨就变得难以遗忘。虽然派别不同，但他们的仇恨心理却拥有相同的根源，因此也会表现出相同的暴力倾向。从历史资料中不难看出，吉伦特派的行事风格与雅各宾派的一样强硬，他们最早宣称了失势的党派应该立刻消失这一观点。奥拉尔先生指出，他们甚至还曾尝试为"九月屠杀"进行辩护，雅各宾派的恐怖政策不应当肤浅地被当作一种自我防卫的工具，更应该当作胜利后的信徒运用抢来的权力消灭对手的一般做法——他们绝对不会容忍信仰上的不一致。

从历史经验可知，宗教战争和政治战争的胜利者通常都会将失败的一方置于死地，失败者是不可能得到宽恕的。比如苏勒曾将两百多名罗马元老院议员的喉管割断，将五六千罗马人残忍屠戮；革命中暴徒血腥镇压巴黎公社，枪毙两万多人……这些事件无一例外地验证了这一血腥的法则我想未来恐怕也难逃这样的铁律。

仇恨的起源非常复杂，它并不仅仅起源于信仰上的分歧，很多时候嫉妒嫉妒心、野心、自私等感情心理同样是滋生仇恨的温床。个人之间的权力斗争更是不容忽视的因素，正是基于这一原因那些不同派别的领袖们才会被一个接着一个地送上断头台。特别值得注意的一点是，派别的分裂及由此衍生的仇恨情绪几乎已经成为拉丁民族精神的一种构成要素。也正是因为这一原因，我们的祖先高卢人丧失了独立，恺撒对此印象非常深刻，他说道：

无论哪个城市都会分裂为两个派别：派系纷争会渗透到一个郡、一个村庄、一个家庭。如果一年之中，一个城市没有袭击其他城市或没有奋力抵抗外来的侵略，反而是奇怪之事了。

人类并没有我们想象的那般开化，要进入真正的文明时代还需要较长的一段时间，因此，感情和信仰迄今为止还控制和引导着人类的行为，所以，我们可以想象得出仇恨在人类历史上发挥的作用是多么重要。

对于仇恨在战争中所发挥的重要作用，在一所军事院校任职的指挥官科林教授做了如下评述：

为什么不鼓励仇恨呢？战争中它能够极大地激发士兵士气，鼓舞士兵战斗力，正是凭借仇恨，普鲁士人战胜了拿破仑。回顾那些最为壮观的演习和最具决定性意义的军事行动，如果不是腓特烈大帝或拿破仑这类天才创造了这些非凡之作，那么，我们很容易发现，激情才是它们的灵感来源，而非未雨绸缪的计划。想象一下，如果我们并不憎恨德国人，那么1870年的那场战争最终会是什么结果恐怕就很难预料了。

科林指挥官的理论同样适用于日俄战争。俄国人曾让日本人蒙受侮辱，因此日本人对俄国人怀有深深的仇恨，这或许可以看作是日本人能够在日俄战争中获得胜利的原因吧。而从战争伊始，俄国士兵就极度轻视日本人，没把日本人当作一回事，仇恨这种感情更是无从谈起，这也是俄国人失败的一个原因。

就像我们前文所指出的，大量有关博爱的言论存在于大革命时期，比如自由、人权，这种言论在今天更是数不胜数，各种现代政党把"和平主义""人道主义""团结"等当作宣传自己政治理念时惯用的流行口号，然而，在这些大话、空话、套话背后隐藏了无数的仇恨，它对于我们的现代社会的威胁是远超乎人们所料的。

恐惧

在法国大革命中，恐惧几乎能起到与仇恨同等的作用，个人的英勇无畏与集体的胆小懦弱并行不悖。

波澜壮阔的革命议会历史上，这样的场景也不少见：国民公会的代表们在面对断头台时表现得临危不惧，视死如归，他们表现出的勇气震惊四座；但在面对闯入议会的暴乱者发出的种种威胁时，他们又往往显得懦弱不堪，毫无反抗之意，对荒谬透顶的要求和指令俯首帖耳。

法国大革命期间，人们见识到了各种各样的恐惧，其中最为流行的恐惧就是唯恐自己被指责为温和派。所以，国民公会的代表、公共检举人、革命法庭的法官、国民公会的"特派员"等都争先恐后的表现，试图证明自己远比对手要激进和进步。恐惧是导致这一时期全部罪行的主要来源之一，如果真能出现奇迹，使革命的议会摆脱恐惧，那么，他们有可能做出完全不一样的举动，而革命本身也就可能走向一个完全相反的方向。

野心、嫉妒、虚荣等

野心、嫉妒、虚荣等情感因素的影响无时无刻不存在，但是在正常情况下会被严格地限制在社会可容许的范围内。比如说野心，野心首先就会被社会等级形式所限制，尽管士兵有可能在将来成长为出色的将军，但这必然要经过长期的服役。而革命时期，一切就都不一样了，剧烈的变革造就了无数"奇迹"，早上还是士兵，或许晚上就可以成为将军。每个人都有可能在很短的时间之内，因为论功行赏而得以加官晋爵，个别人的野心也就因此而急速膨胀，地位卑微的人也相信自己有惊世骇俗的能力来胜任最高的职位，这样一来，人们的虚荣心得以在极短的时间内被调动起来。

而野心和虚荣在内的所有激情，一旦融入革命之中，就会或多或少地膨胀起来。同时，人们开始艳羡那些一夜之间青云直上的人，而且这种羡慕之情还在不断地增长。

嫉妒法国大革命时期影响非常大的一种情绪是嫉妒心。民众对贵族的嫉妒是这场革命中的一个十分重要的因素，即便之前的中产阶级已经在能力和财富上超过了贵族，他们的社会地位与贵族的身份也越来越接近，但事实上，他们依然有被贵族拒之于千里之外的那种感觉，这种嫉妒心理让他们对贵族阶级产生了由衷的愤恨和仇视。资产阶级因为这种心理状态顺理成章地从潜意识里成了"平等"这一哲学教条虔诚的支持者。

因为嫉妒和受到伤害的自尊而产生了怨恨的情绪，这一点我们在当今社会或许无从体验，这是因为贵族的影响已经微乎其微。如卡里埃、马拉及其他一些国民公会的代表在当时都曾在大贵族门下效命，他们不愿继续这种寄人篱下、苟活于世的生活，这段经历被视为生平的耻辱，且这种耻辱逐渐转化为仇恨。出身寒门的罗兰夫人就有这么一件终生难忘的事情，在旧制度统治时期，她和母亲应邀到一位贵族妇女家里做客，结果，因为身份的问题，贵族妇人在就餐时把她们安排到仆人的位置上，对罗兰夫人来说，这绝对是终身难忘的奇耻大辱。

泰纳曾引用过一段哲学家里伐罗尔的话，这段话一语中的，指出了因受伤的自尊和嫉妒而产生的仇恨对革命造成的影响：

"是什么让这个民族暴怒起来？不是苛捐杂税，不是国王的密札，不是被滥用的权力，不是国家管理者们犯下的过错，更不是迟缓的司法机关的效率……实际上，恰恰是贵族阶级对平民阶级的偏见和盛气凌人的态度引起了人们的深仇大恨。这一点有事实可证：正是资产阶级、有钱人、知识分子之类的对贵族因嫉妒而怀恨在心的人，鼓动了城市里的贫苦市民和乡下的农民阶级揭竿而起。"

拿破仑也有类似的判断，他说："是虚荣心造就了革命，所谓的自由也不过是一个借口罢了。"

这些革命的发起者所拥有的热情一点绝不逊于狂热的宗教徒，第一次国民议会的资产阶级代表们甚至意欲建立一种宗教。他们构筑了一个非常美妙的幻梦——试图在彻底粉碎旧世界的基础上建立一个全新的世界，再没有什么能比这一宏大幻想更能打动人心了。新教义宣称，所有的民族都将在平等和博爱的带领下进入永恒而幸福的国度，人们痴迷于这种教义，热情也随之暴涨，于是他们不顾一切地等待着成功的到来。

然而，这种热情很快就会被暴力所取代，原因很简单——改革者们提出的教义根本不可能真正实现，人们只能在现实世界里寻找慰藉，而幻想觉醒的那一天极有可能就是革命遭受灭顶之灾的一天。我们不难想象，在看到身处的现状与梦想的情境相去甚远时，大革命的使徒们将会怎样的怒不可遏。革命者们的本意是全盘否定过去，带领人们走向完全不同的新生，然而过去的阴影在人们的心中却根深蒂固，那些幻想破灭的人们开始抵触改造。改革者们在这样的情况下可谓困难重重，举步维艰，但他们却不会屈服，于是他们开始妄图借助暴力的手段强制推行政治主张。人们很反感这样的专政局面，开始怀念旧的制度——历史上的复辟大多是这样发生的。

我们必须指出，尽管激情只是一时的心血来潮，它或许不能长久存在于革命议会中，但在军队中，它却能长盛不衰，并成为军队力量的主要来源。从事实的角度讲，在还没有成立共和国之前，法国大革命的军队就已经是共和主义者了，而且在君主专制复辟、共和政体被放弃很久之后，军队坚持的也始终是共和主义的信念。

在本章中，我们让读者知道，某些共同的渴望和环境的变化通常成为人格变异的主要条件，而最后它们会表现为为数不多的几种高度同质化的心理状态。单从较为典型的心理状态来看，我们可以最终将其归为四类：雅各宾主义的、神秘主义的、犯罪的和革命的。

第二章
神秘主义心理和雅各宾心理

一、神秘主义心理及其在大革命期间的作用

如果先将情感逻辑、理性逻辑、集体逻辑的影响撇开不谈，仅只考虑神秘主义因素发挥的重要作用，那么在许多革命中，神秘主义的因素确实可以说是决定性的力量，尤其是在法国大革命中，更是如此。

为那些超人格的存在或力量染上神秘主义色彩正是神秘主义逻辑的主要特征，这些超人格的存在或力量常常外显为偶像、崇拜物、口号和文字等。神秘主义是一切宗教和大部分政治信仰的精神基础，如果我们其中的神秘主义因素抽离，那么，这些信仰将会失去蛊惑力，变得岌岌可危。

神秘主义常常是在感情和激情的冲动之上产生的，几乎每一次群众运动都会从神秘主义中汲取力量。为了崇高的理性或许很少有人会奋不顾身，但是为崇拜的神秘偶像而牺牲自我的人就俯首皆是了。

革命的信条在传播出去后不久就激发出一股神秘主义的浪潮，这与此前因各种宗教信仰而产生的狂热一模一样，这种神秘主义的使命就是要彻底改变几个世纪以来根植于人们内心深处的传统心理状态。

　　这样一来国民公会代表们的野蛮狂热也就不难理解了，他们的神秘主义精神丝毫不逊于宗教改革时代的新教徒，而库通、圣茹斯特、罗伯斯庇尔等这些雅各宾恐怖专政时期的领袖人物就是大革命虔诚的信徒。这些人怀着改造世界的远大梦想，他们也期望将自己的信仰散播到世界各地。他们认为，自己无可比拟的信条能够让所有的君主为之战栗，所以，他们不断地向欧洲的国王们挑起战争。比起那些让人怀疑而裹足不前的说教，坚强的信仰更具有说服力，这种信仰激励着他们在与整个欧洲的战争中不断获胜，最终颠覆了王权。

　　大革命领袖们的公共生活中也渗透了神秘主义精神。比如罗伯斯庇尔本人就坚信无所不能的上帝赋予了他无与伦比的力量支持：在一次演讲中，他试图让听众们相信上帝"在宇宙初始就已经预示，即颁布圣令，实行共和政体"。他还以国教大祭司的身份，鼓动国民公会通过法令，宣布"法国民众早已从内心认可了上帝的存在和灵魂永生的信念"。而在最高主宰节仪式上，罗伯斯庇尔坐在国王的宝座上，进行他冗长的布道。由罗伯斯庇尔所领导的雅各宾俱乐部成为了一个政务委员会，他们之所以能够担负起政务委员会的只能，正是凭借这种神秘主义因素而产生的激情。凡是批评雅各宾正统派的那些人都被看作异教徒，并被扫地出门，不仅如此，革命法庭还将对他们进行审判，断头台还将在前方等待他们。

　　与我们想象的不同，在罗伯斯庇尔死后，以他为代表的神秘主义心理并没有随之烟消云散，当今的法国政治家中这种神秘主义心理仍然很有市场。虽然旧宗教信仰已无法左右他们的思想，但罗伯斯庇尔式的心理却深深扎根在他们的心中，并且不断强化，他们只要一瞅准机会就会向他人强迫灌输自己的政治信条。

这种灌输有时候是不折手段的，如果只有通过杀戮才能传播他们的信仰，他们也会无所顾忌。因此，我们可以说罗伯斯庇尔的思想并未随他一起在断头台上陨落，其信徒广布世间，成千上万的人再现了类似的思维模式。只要人类不消失，罗伯斯庇尔式的思想及其最后的信徒也就不会消失。

大多数历史学家们都长期关注着革命中的神秘主义，然而他们的研究方向却存在着问题，直到今天，这些历史学家仍旧试图利用理性逻辑来解释大量与理性毫不相干的现象。拉维斯先生和朗博先生在我前文引述过的一个段落中曾持有这样的观点，"宗教改革是个人自由反省的结果，一般大众从中寻找到了一种非常虔诚的良知和果敢的理性"。

那些认为政治和宗教改革起源于理性的人是永远不会理解这些运动的。那些震撼世界的政治或宗教信仰，都有一个共同的起源且遵循相同的规律。理性与它们的形成毫无关系，甚至可以说塑造它们的是与理性完全相反的因素：佛教、基督教、基督新教、伊斯兰教、雅各宾主义、社会主义、唯灵论①、巫术等，看上去似乎是迥然不同的信仰形式，但我认为有必要再重申一下，它们具有同样的神秘主义和情感基础，也遵循着无关乎理性的逻辑形式。它们的历练其实来源于这样一个事实：理性非但不能创造信仰，也不能改造信仰。

信徒式的神秘主义心理状态在我们当代的政治中也司空见惯，这一点在一篇与当下的一位大臣有关的文章中可以窥见一斑。我现在就从杂志上摘录一段如下：

① 唯灵论，宗教和唯心主义哲学的一种学说，主张世界的本源不只是心灵或精神，物质作为心灵的附属物或产品，只是表象或假象，并不真实存在。认为世界具有"世界灵魂"，是一个无所不包的大灵魂，即上帝，唯灵论后常被用做唯心主义的同义词。——译者注

　　人们或许会对某先生的信仰归属问题提出质疑，究竟应该把他划归到哪一类当中去呢？我们能将他定性为没有信仰的人吗？不，当然不能！虽然现存的任何一种信仰他都没有接受，他不仅咒骂罗马的天主教，还指责日内瓦的新教，他拒绝所有传统的教条和教会。然而，一旦他能够扫除一切障碍，并在一个这样空白的基础上兴建属于他的教会，那它将成为最为独断专行的教会。并且，他的宗教裁判所与臭名昭著的托尔克马达①宗教裁判所比起来，将更加残忍和不宽容。

　　他说："学校保持中立这类事件是不能容忍的，我们必须不遗余力，尽可能运用自己的能力来管制学校，即使我们因此会站在教育自由的对立面。"他之所以还没有建议搭起火刑架，堆起柴堆，也不过是出于礼貌上的考虑，对于这一点他还必须要进行考虑。然而，即便他已经不能任意惩罚人的肉体了，但他依然可以利用世俗的权力将他人的学说宣判为死刑，这就是宗教大法官们的见解和主张。他同时还对思想发起了猛烈的攻击，这个所谓的自由思想者自认为拥有无与伦比的自由精神，他拒绝接受世间的一切哲学，因为那些哲学在他看来不仅是荒谬和怪诞的，更是罪恶的。他是如此的狂妄自负，以至于他认为只有自己才能够绝对地掌握真理，而那些与他意见相左的人，都是面目可憎的魔鬼和全体国民的公敌。他笃信自己的观点，哪怕是那些主观臆想的偏见；他更不会怀疑自己思考问题的方式，至于那些不赞同他的观点或否定神性的人，他认为他们不过是在觊觎神圣的权利，或是在借助否定神性来以全新的方式重新诠释神性，但所有这些全是徒劳的，这只会使人们越发怀念过去的神。可以说，某先生是

————————

① 托尔克马达（Torquemada），西班牙第一位宗教裁判所大法官，他被认为是"中世纪最残暴的教会屠夫"。——译者注

理性女神的信徒，他创造了摩洛神这一让人无法忍受的神，而创造的初衷是因为他需要将人当作祭祀品。在他看来，只有他本人和他的同道才配享有这种思想自由。不得不说，这一见解的前景的确存在引人入胜之处，但在过去的几个世纪里，为了实现它，人们摧毁的偶像已经太多了。

让我们以自由之名祈祷，并保持高度的警惕，切忌使那些穷凶极恶的狂热者成为我们的统治者，因为那样的后果将不堪设想。

假设神秘主义的信仰已经被理性的无声力量所掩盖，那么我们也就没有必要再讨论革命或政治思想的理性价值了，但出人意料的是，人们依然对此津津乐道。引起我们兴趣的仅仅是对他们的影响，至于那些假想的人类平等、人性本善，以及用法律的手段重建社会的可能性等，类似的理论幻想是否已经被观察和经验所揭穿，则是微不足道的。无论如何，正是这些空洞的幻想激励着人们孜孜以求，而这正是人类至今所知的最有力的行为动机。

二、雅各宾心理的本质

尽管严格意义上来说，"雅各宾心理"（Jacobin mentality）这一术语并不属于正式的分类，但我个人却对它偏爱有加，原因在于它将一种得到明确界定的精神集合进行了很洗练的概括，使之可以形成一种真正的心理类别。

对于法国大革命中的人们来说，这种心理状态发挥了重大的主导作用，但这并不意味着这种心理状态是他们所独有的特征，事实上在我们当今的政治生活中这种心理状态仍然是最为活跃的要素。

对于神秘主义心理，在前面我们已经进行了系统的考察，它实际上是一种雅各宾心理的实质性的要素，然而，它并非是雅各宾心理的唯一构成要素，因此，就让我们来考察其他那些必须要加以考察的因素。

事实上，雅各宾党人根本不认为自己的心理有浓重的神秘主义色彩，他们反而始终都标榜自己坚持的思想指导是纯粹理性。整个大革命期间，他们反复强调理性，将理性作为行动的唯一指南。

对雅各宾党人的精神状态，大部分历史学家都采用了这种唯理主义的观点，泰纳①也概莫能外，他将理性误用在探究雅各宾党人大部分行为的根源中。但是，在相关的著述中他也提出了很多前所未有的关于这一问题的真知灼见，这些见解同其他许多方面一样非常出色，我在这里就摘录其中最为重要的部分：

那些过度的自爱或教条论证在人类的本性中屡见不鲜，在所有的国家中，雅各宾精神之所以还能有立足之地，原因就在于这两大根源，它们往往是秘而不宣却又坚如磐石的……当一个年轻人在20年前来到这个世界上时，一并被激发出来的还有他的理性与他的自尊。首先，不论他日后要面临的社会是怎样的，比起纯粹的理性来说，这一社会都是非常可鄙的。因为，任何一个社会都不是恒定不变的，它并不是由一个哲学上的立法者依据一定的原则建立起来的，而是综合了人们多样而多变的需要，经过长年累月进化而来的。与其说它是逻辑的产物，不如说它是历史的产物。年轻的理性主义者们总是不屑于那些古老而神秘的建筑，他们认为其选址是荒谬的，其结构是残缺不全的，而不便之处更是非常明显……很大一批年轻人，特别是那些立志要有一番作为的年轻人，在离开学校时，他们轻狂傲慢的心态和举止多多少少都

① 泰纳（Hippolyte Adolphe Taine，1828—1893）法国19世纪杰出的文学批评家、历史学家、艺术史家、文艺理论家、美学家。——译者注

会沾染上一些雅各宾派的习气……雅各宾主义借助社会腐败泛滥开来，就好似菌类在发酵的土壤上旺盛繁殖。让我们来回顾一下这一思想可资纪念的精彩耀眼之处吧，是圣露思特和罗伯斯庇尔的政治演讲？是国民公会和立宪派的激烈雄辩与争论？还是山岳派①与吉伦特派冗长的言辞或虚伪的政治报告？那个时代满是信誓旦旦的言论，却鲜少实实在在的话语，空洞的官场套话和膨胀到了极点的重点淹没了或许隐藏于如出一辙的演讲之下的真理。对海市蜃楼的空幻追求充斥着雅各宾派的头脑，他们认为，比起真真切切的生活，空想要更为真实，他们唯一能认同的也只有这些虚无渺茫的空想，他们奉献全部的真诚行走于空想追随者的行列之中。那些数不尽的形式上的意志和信念统统只是他个人意志的虚幻想象，人们全力以赴地支持他，而他则鹤立鸡群，仿佛置身于一场胜利与欢呼的合唱，除了他自己的声音，其他所有的声音都只是他的回应而已。

我确实钦佩泰纳的描述，但同时我认为在对雅各宾党人心理的研究中，他并没有彻底切中要害。

无论是大革命期间，还是当下的社会，雅各宾党人的真实心理都是由许多要素组成的，如果想要全面认识它的功能，就必须首先了解它的构成要素。

这一分析首先向我们揭示的一点是，雅各宾党人绝非理性主义者，而是信仰至上者。理性从来不是他信仰的建立基础，他们用理性来对其信仰加以掩饰，虽然理性主义的陈词滥调在他们

---

① 山岳派，法国大革命期间国民公会的激进派议员集团。其之所以称为山岳派，是因为他们在开会时坐在议会中较高的长凳上。1792年秋，山岳派是作为国民公会中较温和的吉伦特派的反对者出现的，他们由巴黎和其他城市选出的代表组成，依靠小资产阶级和无裤党的支持，并与巴黎的雅各宾俱乐部关系密切。——译者注

的言论中随处可见，但他的思想和行动却远远背离了这些理性口号。

如果雅各宾党人真能做到理性言辞与思想行为相统一，那么有些情况下也确实能听到一些理性的声音，但遗憾的是，从大革命开始到现在为止，我们常常看到的情况是，雅各宾党人从未在理性的原则下有所行动，但是，也正是因为这一点，他才拥有了如此神奇的力量。

那么就又有这样一个问题摆在我们面前，雅各宾党人为什么对理性的声音充耳不闻呢？其实答案很简单，他那过于狭隘的视野和度量使他对理性的事物表示出强烈的抗拒，而无理智的冲动则完全将其支配。

当然，缺乏理性和过分激情这两个因素还不足以构成雅各宾心理，这其中还包含着其他的原因。

激情或许能支撑起信念，但远远不足以创造信念。那么，是什么因素在支撑着真正的雅各宾主义者所拥有的坚强信念呢？我们在前文探讨过的神秘主义因素就在这里发挥其作用了，雅各宾党人属于彻底的神秘主义者，依靠语言和口号的魔力，他们用自己创造的新神祇将原有的上帝取而代之了。为了侍奉这些严厉的神祇，虔诚的徒众并不介意采取最激烈的措施，当代雅各宾主义者们所运用的法律正是这一事实的有力证据。

极端的狭隘和狂热正是雅各宾心理的特征，它所代表的是一种狭隘而僵化的心灵，它拒绝接受任何批评，它不考虑信仰之外的任何事情。

雅各宾主义者的心灵为神秘主义要素和情感因素所占据，这使得他们的头脑变得太过简单。他们只能看到事物的表面联系，无法彻底分清虚无缥缈的幻觉和真实的存在。他们对事物的因果关系置若罔闻，一味沉溺于自己的梦想当中而无法自拔。

正如我们所了解的那样，雅各宾主义者尚未超脱于其逻辑理性的发展，由于他们对这种逻辑知之甚少，因此常常面临险境。那一丝尚存的理性在雅各宾主义者的冲动面前早已灰飞烟灭，被有识之士视为穷山恶水、不宜贸然闯入的地方，他们却毫不顾忌地就走了进去。

所以，尽管雅各宾主义者都是善于言辞的人，但这不足以说明他们是受理性的引导。他们自认为的理性引导事实上不过是激情和神秘主义的支配。与那些对信念坚信不疑，从而迷失于信仰森林中的人一样，他们永远不可能认清并摆脱被束缚的困境。

一个好斗的空想家，这与我们前文所描绘的加尔文教信徒是何其相似。他们受到信仰的蛊惑，不惜一切代价来追求自己的信仰，在他们狂热的心中，应当处死那些与教义相背离的人。加尔文教徒与这些鼓动人心的演说家表现出惊人的相似之处，像雅各宾主义者一样，他并不认为自己被神秘主义所支配，而是坚信理性才是自己的唯一指引，但事实上，他们正在被神秘主义和激情所控制。

根本不存在真正信奉理性主义的雅各宾党人，如果将雅各宾党人定义为理性主义者，我只能深深为理性感到悲哀，但却很容易理解充满激情和神秘主义色彩的雅各宾党人。

构成雅各宾精神的正是这三种心理要素：极微弱的理性力量、强烈的激情、浓厚的神秘主义色彩。

第三章
革命心理和犯罪心理

一、革命心理及其特征

当我们提到雅各宾心理时，必须注意神秘主义要素不过是雅各宾心理的一个组成部分，而不是全部。下面就让我们来观察一下革命心理，这种心理同样是由神秘主义因素构成的。

浮躁的心理情绪存在于任何时代的任何社会，带有这种情绪的人往往对社会十分不满，他们不安于现状，时刻准备着对抗现有的一切秩序。他们似乎对犯上作乱怀着特殊而浓厚的兴趣，一旦他们的愿望被某一种神奇的力量所刺激，他们就不惜一切代价孤注一掷。这种特殊精神状态的起源往往在于个人对其身处其中的环境所作出的错误判断和盲目适应，或极端神秘主义，当然，它也可能只是气质问题或只是病理上的原因。

反叛心理的强度各不相同，有些仅仅是在语言上表达对人和事的不满，而有些则表现得十分强烈，甚至到了你死我活的程度。单个的个体在有的时候会表现出难以自控的疯狂，在俄罗斯，这样的疯子随处可见，对他们来说，纵火或向人群扔炸弹之类的暴行简直是小游戏，最终，苦行派及其他类似的教派甚至开始自相残杀，通常来说，这些骨子里的反叛者对暗示的影响感触都十分敏感，同时一些固定的思想也支配着他们的神秘主义心理。尽管他们在外在的行动上表现得精力充沛，但实际上，在强悍的表象下他们内心的性格却是极其软弱的，甚至软弱到不足以抵挡自身内在的冲动。神秘主义精神冲昏了他们的头脑，他们企图以此来为自己的暴行辩护，不仅如此，这种神秘主义精神还使他们将自己视为伟大的改革者。

一般来说，每个社会都不可避免地会产生一些反叛者，但在正常的年代，法律、环境或一般社会规则都会约束着这些反叛者，使他们显得不那么突出。然而，一旦动乱使得这些约束和限制一下子松弛下来，并赋予这些反叛者刚好与他们内心自由发泄相适应的心理，提供一个温床，那么，他们顺理成章地就会成为这场运动名副其实的领袖。对于他们来说，革命的目的和动机并不是那么重要，无论目标是红旗还是白旗，或者是国家的自由之类他们似曾耳闻的目标，他们都会不顾一切地为之献身。

并不是所有的时候革命精神都会被推向危险的极端，如果支配它的不是情感或神秘主义的冲动，而是理性和智识，那么，它极有可能会成为民族进步的推动力。传统和习惯在有的时候呈现出来的力量强大到令人难以预料的程度，以至于文明也被它们束缚住了，这时，就需要类似于革命的精神来打破这种枷锁的束缚，并推动和引导知识上的革命。事实上，科

这种集体同一性，只不过是护佑和避难所罢了。跛脚人，在这里找寻拐杖；胆小鬼，在这里找寻庇佑；懒蛋，在这里找到安逸；不负责任的人，在这里得到了庇护。

★荣格

学、艺术、工业等领域的进步更需要具有这种精神的人，这样的革命者包括伽利略、拉瓦锡、巴斯德、达尔文等。

虽然一个民族并不需要如此之众的具有这种革命精神的人，但这类人的存在是必不可少的，否则，人类恐怕至今还过着洞穴生活，仍然处在那种茹毛饮血、刀耕火种的旧石器时代。这种可以带来新发现的革命胆识和气魄并不多见，它更需要一种独立精神和判断能力，前者可以使人不受世俗陈腐观念的影响，而后者则让人能透过表象看到事物的本质。独立创造性是这种形式的革命精神的特征，而此前讨论的那种革命精神则具有强烈的破坏性。

所以，我们可以将革命心理理解为是个人在生活中非常普遍的一种心理状态，一般情况下，它会有益于我们，可一旦超出了一定的界限和范围，它就会演变成危害性极强的病态心理。

二、犯罪心理及其特征

无论一个社会有多么文明，但是总会存在一些社会渣滓。这些人中有的是无法适应社会，还有的则是自身存在这样或那样的污点。游手好闲的流浪汉、沿街乞讨的乞丐、试图逃避惩罚的逃犯、小偷、骗子及不思进取的下层饥民，成为大都市的犯罪群体。一般来说，这些拖累文明的社会渣滓或多或少都会受到警察的约束和管制，然而一旦革命爆发，这些束缚

道理隶属心理动力范畴，通常叫做主观，并被看成是纯粹的个人的事情。但是这样想，便"误入歧途"。这个时候，我们便无法区分，这种表述到底只是个人动机驱使下的孤岛，还是群体动机驱动下的群岛。

★荣格

和管制就会随之烟消云散，他们开始变得毫无顾忌、胆大妄为，潜藏于内心的本能在一瞬间获得了尽情地释放。然而，这些社会糟粕却成了所有革命中占有一定比重的新生力量，这些人热衷于打家劫舍，对于自己宣誓要捍卫的事业，他们是完全不会放在心上的。一旦发觉在反革命的对立阵营中可以获得更多自由烧杀抢掠的机会，他们会立即反叛，临阵倒戈。

革命中，除了这些能够明确定义为罪犯的人之外，还有一个半罪犯状态的阶层。他们是一群会偶尔做些坏事的人，也是心有顾忌的人。如果既定秩序还有足够的约束能力，他们就不敢贸然行动。然而，一旦固有的秩序稍有破坏，他们的恐惧也随之减弱，他们就会选择投身到革命队伍中去。

惯犯和偶尔性的犯罪这两类犯罪群体无论哪种都是一股破坏安定的力量，除了制造混乱，我们看不到他们对社会有什么贡献。但是，所有的革命者、宗教团体和政治团体的创立者却常常利用这一点，千方百计寻求他们的拥护，以实现自己的图谋。

我们已经在前文中论述过，在法国大革命期间，这些带有犯罪心理的人群发挥了巨大的作用。他们在暴乱中毫不退缩，冲在最前面，某些历史学家对此记下了如下的文字：视死如归的民众群众手持长矛——有些时候，长矛的

实际上，普通人是"有公民意识有道德"的；他创造自身的律令并遵守它们，这不是因为外来的律令被强加于他们——这是幼稚的错觉——而是因为他对律令和秩序的热爱胜于他对失调和无法无天的爱好。

★荣格

尖上还挑着刚刚被他们砍下的头颅，他们勇猛地冲进议会大厅，把他们的意志强加给国民公会。

实际上，只要我们稍微对所谓的这些勇猛的主权民众代表进行分析，就会知道除了一小部分头脑简单、完全屈从领袖的人之外，前文提到的社会糟粕就是这个群体的主体。他们是九月屠杀、德郎巴勒公主被杀之类暴行的罪魁祸首，一旦追根究底，他们必然难辞其咎。

这些人撕裂了法国社会，这一过程长达十年之久，当初的制宪议会到后来的国民公会都曾受到他们的压迫。假设当时这支犯罪大军被及时清除，那么，大革命的进程也许会由此而出现转机，甚至出现迥然不同的景象。从始至终这些人都在用鲜血玷污大革命，理性在他们心中起不到一点作用，正好相反，他们的种种暴虐行径表明了他们对理性的反对。

第四章
革命大众的心理

一、大众所具有的一般特征

我们且不管革命产生的根源是什么，但假如它没能植入群众的灵魂中去，它就不可能取得成功。从这个层面来说，革命是大众心理的一个体现。

我已经在《乌合之众》中详细论述过集体心理，但我觉得有必要在这里重申它的主要法则。对个人来讲，他在作为大众群体的一员和在作为孤立的个体时会存在一些极为不同的特征，群体的无意识人格将覆盖他有意识的个性。而且对个体而言，并不是亲历共同的事件才会产生大众心理，事实上，由某些特定事件激发出的共同情绪和激情就足以实现这一点。这种集体心理的形成可能只要很短时间，甚至是一瞬间，它表现为一种十分特殊的集合，受一些无意识因素的影响，并且服从于集体逻辑。

大众的另外一个重要特征就是他们永远是

集体的同一性，不管你加入各种面目的组织，支持什么样的主义，都大大的影响了个人任务的完成。

★荣格

最容易受人蛊惑的，总是会轻信他人，对事物极为敏感，对事物没有深入思考，缺少理性，于是也不可能做出任何反应。他们轻易就能被断言、传染、重复和威信所说服，而完全忽略事实和客观经验的存在。

　　群众对事物有着极为强烈的敏感性，他们的情绪总是特别夸张、特别极端，无论这件事情是好的还是坏的。这种特性张在革命期间表现得非常明显，一点微弱的刺激就能引起他们采取最狂暴的行动。他们轻信的特点在正常情况下已经很严重了，更不用说是在革命时期，随便什么说法都不会让他们生疑。法国大革命期间发生过这样一件事，一位诗人游历于克莱蒙附近的水泉，半路上，一群人拦住了他的向导，原因是他们认为他是受王后的指使来这里炸毁小镇的。那个时候，关于王室的恐怖谣言四处流传，最后王室甚至被夸张为盗尸者和吸血鬼的聚集区。

　　我们从这些特征中可以看到，就文明程度而言，群体中的个人已经堕落到非常低的层次。我们甚至可以说他的水平与一个野蛮人相当，野蛮人的毫无缘由的暴躁、热情和英雄主义都能体现在他的身上。就智力而言，群众根本不能与单个人相比，但就道德和感情而言，群众则略胜于个人，群众极易犯下罪行。

　　群体的作用有两方面：它不仅消弭了个人特性，还对个人施加了非常大的影响。比如它使吝啬的人变得异常慷慨；使存疑者立刻变成坚定不移的信徒；使诚实守法的人堕落为穷凶极恶的罪犯；使生活中的懦弱者变成无所畏惧的勇士，在大革命期间，我们就能看到这类的事情。

　　整个集体在会议中作出的判决或要颁布的法律，都是其中的个体永远也无法料想的。而作为一个集体的构成单位，个人会因为受到集体的熏染和影响而出现一系列的变化，最显著的后果就是他们在感情和意志上会不断趋于同质，这种心理上的同质化赋予了群众一种超乎想象的力量。

群体的一个重要特征就是，其表现出的态度和行为具有强大的感染力，仇恨、狂怒、热爱之类的情感会迅速向外传播，并且在极短的时间内就会得到拥护和反复强化，从而在精神上形成统一体。

这样我们就可以解释这些同质的情感和意志的来源。我们清楚地知道，它们是通过相互感染在群体中传播的，然而感染的源头究竟在哪里？追究这一问题，我们就会发现，有一个声音的呼唤会在这种感染发挥作用之前就已经出现，也就是说这种感染有一个原点。于是问题就出来了，如果没有领袖存在，大众是不会轻易挣脱原有的桎梏的，他们本来就是一盘散沙，单靠自身是举步维艰的。

如果我们具备大众心理的知识，并且能够深刻地理解其内在规律，那么我们就不难为大革命中的许多因素作出解释，也不难理解革命议会的种种行为及发生在单个成员身上的转变。群众在集体无意识力量的作用下，无法了解和解释自己的真实意图，通常会投票赞成那些原本站在他们立场上会反对的决议。

从历史来看，一些目光深远、手段高明的政治家在有些时候会凭借直觉识破集体心理的定律，但政府部门中的大多数人却缺乏对这些定律的认识和了解。也正是因为这一点，这个群体中的大部分人才被轻易赶下了台。我们知道，有些政府甚至会被一些堪称微小的动乱所颠覆，比如路易·菲利普的君主政体就非常典型，这让我们感到难以理解，然而实际上，这不过是忽视集体心理造成的结果。1848年法国的军队战斗力非常强大，从其军力上来说，足以保卫国王的安全。但从民众群众掺杂在军队中开始，形式就慢慢发生了转变，遗憾的是法军统帅完全没有意识到这会造成什么样的后果。因此最终的结果就是，在群众的暗示和传染下，军心开始动摇，法军的统帅不知所措，最终仓皇离职。导致这种结果的原因在于，他不了解群众对威信有多大的敏感程度，假如让群众远离军队，让他们无法了解军队的实力，那么军队就会对他们起到强烈的威慑作用，反对派也不敢兴起事端；与此同时，他还忽略掉了这样一个事实，即应该立即驱散一切集会。但在1848年，却没有人重视它，实际上，谁又能在大革命时期真正理解大众心理呢？

二、大众心理的动摇受民族精神稳定性的限制

民族可以定义为一个具有某种共同特性的群体集合，但这些特征的变动受到民族精神或民族心理的限制。民族精神具有一种确定性，而一个群体的短暂心理并不具备这种确定性。当经过漫长的历史演变和发展，一个民族的传统精神得以形成之后，这种精神就会潜移默化地对群众精神施加控制作用。

民族与群众的不同之处主要在于民族是由一些各不相同的群体组成的，而这些群体的利害关系又各不相同。而严格意义上说，群众则是不同社会最小单位（个人）组成的。比如在一次群众性集会中，我们就能找到各种各样属于不同社会集团的个人。

在一些极特殊的情况下，民族也会和群众一样，易变且波动较大，这并不意味着民族精神是不牢固的，因为在易变性、热情、狂暴及毁灭性的背后，民族精神的顽强和保守本能也时刻得以凸显。在大革命及其后一个多世纪的时间里，我们可以看到保守的民族精神是怎么最终战胜破坏精神的，在政府体系被革命、动乱等接连不断地打破后，人们又是如何接连不断地将它们一一恢复秩序的。如前文所述，稳定性和不易变化的特征是民族心理不同于大众心理的地方。对民族心理发挥作用的方式是间接的、渐进的，比如会议、演讲、杂志、书籍等，而说服民族心理的原则我已经在标题中列出来了，就是诸如不断地重复、断言、声望、感染等。虽然在极少数情况下，精神的传染会迅速向整个民族传播开来，但在多数情况下，它的影响是缓慢的，它慢慢地由一个群体传染到另一个群体，宗教改革就是通过这种方式在法国进行传播的。

民族不同于群体，不会轻易受到蛊惑、情绪激动，但在有些情况下也有例外，如国家尊严受到侵害或遭到外敌侵略等情况，这些事件极有可能立即唤醒这个民族。大革命时期，这种现象可以说是非常常见的，尤其是在不伦瑞克公爵宣读他那篇狂妄的宣言时，法兰西民族的民族意识可以说在骤然间就达到了顶峰。在企图以武力震慑这种民族意识时，公爵其实已经惹了众怒，犯下了无可挽回的错误，其原因就在于他对法兰西民族的心理全然不知。不伦瑞克公爵的这一举动不仅极大损害了路易十六的声誉，而且也使他本人玩火自焚。他的干涉激起了全法国民众的愤怒，激化了当政者与法国民众的矛盾，人们因此迅速组建起一支义勇军奔赴战场。

纵观历史我们不难发现，无论在哪个国家，这种整个民族同仇敌忾的情绪通常是在一瞬间爆发的。比如在大举入侵西班牙和俄罗斯时，拿破仑就低估甚至忽视了由爱国热情而引爆的强大力量，他或许可以轻易瓦解一群乌合之众的薄弱心理，但在面对历史悠久的民族精神时却一败涂地。有一种说法是，俄国的农民无论对什么事情都十分冷漠，他们的天性就是粗野且狭隘。但是，当听闻拿破仑要入侵自己的祖国时，他们立即变换了性情。只要看一下沙皇亚历山大一世的妻子伊丽莎白所写的一封信，我们就会对这一事实深信不疑。

自从拿破仑的大军抵达我们的边境，这一消息立即在俄罗斯全境掀起狂澜。消息散布于这个广阔疆域的每一个角落，而且激起了整个帝国子民的强烈愤怒，一旦这种愤怒的呐喊声响起来，这种怒吼即便在地球的另一端也能够听到回声，对此我深信不疑。这种感情随着拿破仑的入侵越来越强烈，甚至连那些丧失了全部财产或几乎失去全部财产的老人们都说："我们绝不能接受耻辱的和平，必须起来奋战。"那些亲人们在军队服役的妇女们也大义凛然，在这关键时刻，她们置个人的安危于不顾，她们唯一害怕的就是耻辱的和平。虽然和平很美好，让人心生向往，但对于目前的俄罗斯来说，这种形式的和平无异于一张催命符，帝国子民在这一点上是绝不会退缩的。沙皇本人也从未想过与拿破仑媾和，即便他有这种想法，群众的民族意识也绝不能容忍他这样做，这就是我们英勇的立场。

不仅如此，王后还给她母亲讲述了这样两个故事，这两个故事会让我们更深刻地了解俄罗斯人顽强抵抗精神。

在俄国的首都莫斯科，入侵的法国士兵抓住了一些不幸的农民，为了补充兵员的不足，他们企图强迫这些农民留在自己的部队里服役。法国士兵在他们的手上打上了戎装战马的烙印，其中一个不解的农民问士兵这个标志的含义，当被告知这意味着他已经是一个法国士兵时，这位俄国农民大叫道："什么？我是一名法兰西帝国的士兵？我怎么能够成为法国人的士兵呢？"说罢，他立即将烙有印痕的那只手用短柄斧子砍了下来，并把那只断手扔到法国士兵脚下，决绝地对他们说："拿走吧，这就是你们所要的标志。"

另外一件事同样发生在莫斯科。法国运送粮草的部队和正规部队的分遣队被一些俄国村民袭击，在这场战斗中，20个俄罗斯农民不幸被法国人抓住了，法国士兵准备将他们就地枪决，以儆效尤。他们让那些农民靠墙站成一排，用俄语宣读对他们的判决：这些人也可以不必死，只要跪地求饶，选择向法兰西帝国臣服，他们就有活命的机会，如若不然，他们都将被处死。法国人开枪打死了第一个人，他们在等待着其余的人因为恐惧而向他们求饶，但是他们没有等到他们所盼望的屈服。面对枪口，俄国农民没有任何反应，于是法国人继续枪杀俄国农民，第二个、第三个一个个接连倒下，直至最后一个农民被处决，但没有一个农民选择向敌人跪地求饶。

在这里，我们必须要说明的是，基于大众心理的各种特征，所有的民族无论在什么时代都或多或少不免受到神秘主义的影响。人们总是对诸如政府、伟大的人物、神祇等那些虚幻的存在坚信不疑，认为他们拥有能够随意改变事物的魔力。事实上，每个人都有一种偶像崇拜的需求，只不过程度不同，而神秘主义心理正好满足了人们的这一需求。所以这样的现象就会常常出现，当受到无政府状态的威胁时，人们就会迫切企盼出现一位伟人或者救世主来拯救他们于水深火热之中。

有趣的是民族还具有一个和群众相同的特征——异变，这种特征使得他们很容易将一个对象由崇拜转变为憎恨，然而这一发展过程是非常缓慢的。于是这样的情况在历史上就屡见不鲜了：在某个阶段，一个人受到人们的崇拜，被视为救世主和民族英雄，可到了最后他又往往被人们无情地诅咒和憎恨。无论在哪个时代，大众对政治人物的态度发生逆转都是寻常可见的，克伦威尔在盖棺定论之后，生前死后的荣辱变幻就是一个十分典型的例子。

三、领袖在革命运动中的关键作用

正如我们所强调的，群众总是一群散沙。不论是同质的还是异质的群众，无论是议会、民族还是俱乐部等，如果没有一个强有力的领袖来领导他们，他们人数再多也只是无组织群众，根本不能团结在一起，也没有行动力。

只要做一些心理学实验就可以发现，在其他地方，群众的无意识集体心理与领袖的心理之间存在十分密切的联系。领袖将自己的意志赋予群众，并且要求他们无条件服从。说到领袖影响群众的方式，暗示通常是最有效的，成功或失败都取决于他所激发的这种暗示方式，可以通过许多实验来证明一个集体对暗示的服从程度。群众会对领袖们暗示的影响做出各种各样的反应：镇定或狂怒，罪恶或英勇，当然这些暗示有时也会激发出理性的一面，但这不过是一种停留在表面上的理性而已。实际上，

> ⌐ 我们的时代需要心理学，因为心理学同我们的生存息息相关。当纳粹肆虐的时候，人们常常感到迷茫，根本原因在于我们要么对人一无所知，要么只知道一些片断歪曲的了解。
>
> ★荣格

群众只善于模仿，但不善于挖掘，因此是很难向着理性的方向走下去，唯一能对他们产生影响的只有通过想象的形式而激发的情感。

当群众受不同领袖的影响和刺激时，就会给出各种不同的过激行为，这样的事情在法国大革命的历史上数不胜数。我们清晰地看到，对于埃贝尔①派、丹东派、吉伦特派及恐怖主义者的陆续胜利和倒台，群众一律感到欢欣鼓舞，这种兴奋是无差别的。也就是说对于这些走马灯似的政治事变，群众根本没有真正的认知，至于这些事变究竟会产生什么样的后果，他们更是漠不关心。

对于这些领袖所扮演的角色，我们也只能一知半解，因为通常来说他们都是幕后的操纵者。如果我们将他们放到当时的环境中来进行研究，我们就会深刻领会到这一点，领袖们可以不费吹灰之力就煽动一场十分激烈的群众运动。在这里，我们暂且不考虑邮电工人罢工或是铁路工人罢工之类的小事件，因为在这些事件中，只是雇员不满于当前的状况，群众不会广泛参与。我们还是用例子来说明——巴黎平民群众的一场骚乱就是由少数几个社会主义领袖发起的。费雷尔在西班牙被处死了，这本

从勒庞的叙述中，我们无法非常清楚地找到一个基本原则。他认为，生物一旦以一定的数量聚集起来，无论是一群动物还是一群人，他们都会出于本能而将自己置于某个头领的权威之下。

★弗洛伊德

---

① 埃贝尔（1757—1794），法国大革命期间的政治新闻工作者，巴黎"无裤党"（极端激进的革命分子）的主要发言人。——译者注

来是非常微小的一个事情，在此之前法国民众从来没有听说过费雷尔此人，即使在西班牙也很少有人关注他的死刑。但是在第二天，少数几个群众领袖却借此事件在巴黎煽动起一支民兵冲进西班牙大使馆，并意欲焚毁大使馆，以至于政府被迫派出一部分卫戍部队特别来保护大使，尽管最后成功击退了这些攻击者，然而他们仍将一些房间洗劫一空，并且还设置了一些路障，最后毫发无伤地走掉了。而接下来发生的一切足以让任何人目瞪口呆。在意识到焚烧外国使馆所酿成的不可估量的后果之后，领袖们在第二天就改变了行动策略，选择以和平的示威取代原先的暴行。对此，群众自然是百般顺从，和他们当初接受指令发动暴乱没有分别。从这两个事例中，我们不难看出领袖的极端重要性及群众对领袖的无条件服从。

从米什莱到奥拉尔，这些历史学家们都认为革命大众可以在无组织的情况下自动发起并运行，但这只能说明他们对革命大众的心理并没有深刻的认识和理解。

第五章
革命议会的心理

一、革命议会所具有的心理特征

国会这样大的政治议会本质上也是一个群体，只不过这一群体中通常都会派系林立、冲突尖锐，因此，就算它没能及时采取有效行动也是合情合理的。但是正因为存在这些受到不同利益驱使的派别，我们必须要关注这样一个问题：一些下级群体构成了一个议会，而这些异质的群体只对各自的领袖表示服从。大众心理规律所能发挥的作用只限于派别内部，这些议会中不同的派别会因为同一个目标而采取相同的行动，如非特殊环境，这种情况是不会有例外出现的。

政治派别在议会中是独立存在的，而一旦成为某个派别的成员，个人意志将无条件屈从于集体的意志，哪怕与集体意志背道而驰，个人也必须无条件地服从。我们有一个很好的例子：在审判路易十六前夕，维尼奥坚决反对投票赞成路易十六死刑的建议，然而，然而他在

世人心理无外乎这么两种：一些人一位得基督庇佑，便可将恶踩入尘埃；一些人则屈从于恶，眼中再也无善。

★荣格

世界悬于一线，那根线就是人的心灵。

★荣格

88

第二天就投了一张赞成票。所以，这一群体的作用其实就是将那些犹豫不决的意见确定下来，一旦软弱无力的个人信念转化为集体信念，就会变得如磐石般不可动摇。某些情况下，一位拥有极高声望的领袖或一种非比寻常的暴力，都可以影响到议会中的全部派别，并将其他派别吸纳到自己的派别中来。例如，国民公会中的大部分成员受到一小撮领袖的影响，投票赞成那些与自己意志完全相反的法律。

　　集体还有着遇强则弱的特征。在整个大革命议会的历史中，尽管那些议员们能够对国王横加指责，但在面对暴民领袖时，他们立刻又变成了温顺的绵羊。当一帮狂热之徒在不可一世的领袖的指挥下，疯狂地冲进议会并发出威胁时，这些议员们通常当场就会选择投票通过那些十分荒谬、漏洞百出的议案。也就是说，一旦一个议会团体具备了群众的特征，它就会变得和群众一样，一方面表现得极端暴虐，另一方面又表现得怯懦不堪。他们会在在弱者面前颐指气使、飞扬跋扈，在强者面前又低声下气、卑躬屈膝。想当年，年轻的路易十四意气风发地挥舞着鞭子发表他简短的演说时，议会是如何的卑微恭顺；而当易十六大权旁落、无力还击时，制宪议会又是何等的傲慢无礼！

　　因此，当我们从心理学角度来反思历史时就会发现，君主在权势渐微时召集议会绝对是一个错误的决定，这一特征已经成了一条普遍的法则。路易十六就因召开三级会议走上了断头，而亨利三世在当年被迫离开首都巴黎后，决定在布卢瓦召集等级会议，这一愚蠢的做法差点使他丢掉了王位。事实上，一旦意识到国王的软弱无力，等级会议的代表们就会自命不凡并以上位者自居，他们会命令国王修改赋税，解散政府官员，并宣称他们的决定具有与法律同等的效力。

在大革命时期的所有议会中，我们都能找到这种愈演愈烈的暴动情绪。刚开始的时候，制宪议会极为崇拜和尊敬王室的权威及其特权，但后来它选择不再臣服于王室，声称自己拥有至高无上的权力。起初，国民公会还处在比较温和的状态，但很快它的恐怖形式就开始初露端倪，即便当时国民公会拥有了很大的权力，但在进行判决时还需得到某些法律程序的保证。但是很快，在它颁布的法律中，被告被彻底剥夺了辩护权力，单纯依据指控就可以轻而易举地给嫌疑人定罪。国民公会的狂热和暴虐愈加百无禁忌，他们自己也走上了灭亡的道路，埃贝尔派、丹东派、吉伦特派及罗伯斯庇尔的追随者们被一批接一批地送上断头台，他们也因此而终结了自己的生命。

为什么议会走的道路总是与其初衷背道而驰？极端的情绪就是以上问题的最佳答案。保王主义者、制宪议会、天主教徒的代表们起初决意建立君主立宪政体，以此保卫宗教信仰，但结果却完全背离了他们的初衷，法国将在他们的指引下走向一个暴虐的共和政体，教士也受到了惨绝人寰的迫害。

各种政见不一的派别组成了政治议会，但是有些时候它们也可能是由同质的派别组成的，发出的是同样的声音。某些俱乐部就是其中典型的代表，这些俱乐部在法国大革命期间起到的作用是不可估量的，我们有必要详细考察它们的心理。

二、革命俱乐部所具有的心理特征

在信仰、利益一致的情况下，通过淬炼并统一其成员的情感和意志，一些小的社会团体的成员可以消除那些对自己情感和意志不利的声音。这类小团体包括法国大革命时期的宗教集会、公社、市政社团、俱乐部，19世纪上半叶的秘密结社等。

要真正理解法国大革命的进程，我们必须把握异质团体与同质俱乐部二者之间的差异。直至督政府时期，大革命还被操控在这些俱乐部手中，尤其是在国民公会期间。在没有派系对立的情况下，虽然这些俱乐部能实现意志的统一，但它们仍旧无法逃脱大众心理学的规律。与其他群体一样，领袖依然是俱乐部的灵魂，这一点的最好证明是罗伯斯庇尔所控制的雅各宾俱乐部。在一个由同质群体组成的俱乐部中，由于成员们在感情和利益上是趋同的，所以就要求有一个具备超凡能力的领袖来领导他们，否则，反而会丧失自己的地位。而领导异质群体就轻松的多，则只需采取不多的手段就能实现控制。所以说，同质群体的领袖应具备比异质群体领袖更多的功能和实力。

为什么同质化群体有如此大的力量呢？我们可以将部分原因归结于他们是匿名的。我们还是举例来看吧。1871年巴黎公社期间，几个匿名者的命令就足以焚毁巴黎最好的纪念性建筑物：市政厅、审计法院、杜伊勒里宫、荣誉勋章获得者纪念碑等。一个匿名委员会发出了"焚毁财政部，焚毁杜伊勒里宫"的简短命令，而这一命令很快就得到了执行。罗浮宫及其藏品也差点毁之一炬。巴黎的那些俱乐部和起义者公社的权力在法国大革命期间达到了巅峰，令人难以置信的是，在当时的情况下只要这些机构发出一纸命令就足以推翻一个议会，它们甚至只需凭借一路军队就可以直接实现其统治。

在其他章节中，我们将看到民众入侵议会的频繁程度，据说，面对这一小撮起义者傲慢无礼的要求，议会总是百依百顺。在政府问题上，国民公会很早就意识到同质群体要优于异质群体，在此基础上，它选择将自己分为若干个由为数不多的成员组成的委员会，如救国委员会、财政委员会等，在大议会中组建了一系列小的委员会，一般情况下，它们只听从来自俱乐部的命令。

到这里，我们已经对群体成员的意志所产生的影响有了一个很明确的认识。

这一影响在同质群体中的影响是巨大的，对于异质群体来说，尽管这种影响会有所减弱，但仍是十分重要的，这或许也是议会中处于弱势的群体会被较强大的群体控制的原因，当然原因也可能在于议会中每一个成员受到了某些具有传染性的感情的感染。

发生在1789年8月4日的夜晚的事情，是大革命群体影响绝佳的证明。贵族们投票通过了其中一位成员所提出的关于废除封建特权的决议。这是一个震撼性的决议！就像我们都知道的，教士和贵族拒绝放弃他们的特权正是大革命爆发的一部分原因，那么也就是说，最初他们拒绝放弃特权，但到后来又选择主动放弃特权，是什么原因导致他们转变观念的呢？事实上，这个原因并不复杂，不过是在人们集结为群体时，个人的意志和行为被这个群体的行为所替代，对个人而言，每一个贵族成员都不会自愿放弃其特权。

为了说明议会对其成员的这种影响，圣赫勒拿岛（Saint Helena）上的拿破仑曾征引过这样一个奇怪的例子，他说："在这一时期，如果你发现你亲身接触的人的一言一行与你所听说的大相径庭，你根本不需要为此感觉奇怪。例如，蒙日看起来就像是一个鲁莽的暴徒，因为在战争爆发伊始，他在雅各宾俱乐部的讲坛上宣布要将自己的两个女儿下嫁给最先受到敌人伤害的两个士兵，他要亲眼目睹贵族们被施以严厉的惩罚等。然而事实上，蒙日在生活中是个非常软弱的人，他甚至不敢看杀鸡，更不用说让他亲手杀一只鸡了。"

三、一个关于议会中情绪不断激化之原因的尝试性解释

对于集体情感，或许我们可以尝试通过一条曲线来剖析。这条曲线会历经缓慢上升、急速攀升，到最后直线下降的过程，而且可以测量。我们可以将这一曲线的方程式称为集体情感变化的方程式，它清晰且极具条理性地反映了集体情感在受到持续刺激后发生变化的全过程。

或许有人会说，既然心理学的规律类似于力学规律，那么，在同一维度上某一原动力持续作用于情感，这种情感的强度就会快速增加。但事实上并没有这么简单。例如，我们知道，类似地心力这样在维度和方向上恒定的作用力，对一个物体的引力作用将会产生一种加速度运动。

尽管这种解释适用于受到一种持续刺激的情感而产生的加速度，但为什么这种加速度的作用最终会消失，我们现在却无法给出解释。但是，如果引入心理学的因素，那么这一结果也就易于理解了。正如我们所知的，快乐如同痛苦一般，一旦超出一定的限度就会适得其反，而且，即便是再美好的情感，一旦过于激烈就会让人感觉麻木。过量的欢乐、痛苦或努力是我们的有机体无法承受的，更无法长久地承受这种极限。同理，在紧握测力计时，当能量在短时间之内消耗殆尽之后，我们就不得不突然把手松开。

在研究议会中某些群体情感迅速消失原因时，我们发现了一个意外的事实，那就是除了那些依靠自身实力和威望而居于优势地位的派别之外，还有其他的派别，但是这些派别的情感隐藏了起来，这是因为他们受到优势派别的力量或威望的限制。但是如果有什么突发事件使优势派别的力量突然间被削弱，这时敌对派别就会因为那些蓄积已久的情感的突然爆发而占据上风，山岳派

在热月①之后所犯下的就是这样的错误。

因为情感和神秘主义因素的演化才是心理现象产生的条件，因此，类比心理现象的规律与物理现象的规律并不是一种严谨的做法。但是，我们如果不能进一步了解大脑功能的机制，那它们也就仅限于此了。

---

① 热月，法国共和历的第十一个月。它一般（对于某些年份有一两天的差异）对应于格里高利历的7月19日至8月17日，同时它也大致涵盖了太阳穿越黄道十二宫狮子座的时期。——译者注

第三卷
法国大革命的起源

第一章
历史学家对法国大革命的看法

一、研究大革命的几个历史学家

算起来法国大革命已经过去一百多年了，但是有很多东西并没有随着时间的流逝而改变，比如说一个世纪的时间也没能弥合人们之间的分歧，他们仍旧不能坐下来平心静气地讨论它，此外对于大革命的认识仍然存在诸多不一致的地方：梅斯特尔把它看作"一项魔鬼的事业"；而在当代雅各宾党人的眼里，它是赋予人类新生的伟大运动。

侨居法国的外国人认为就连法国人自己都很难把法国大革命说清楚，更何况是对法国历史不熟悉的外人！巴雷特·温德尔（Barrett Wendell）就曾写道："几乎在所有的角落，这一记忆及其传统都拥有超凡的魅力，更让人注目的是，它们不但能掀起人们的热情，也能激起人们的仇恨，人们总是带着各种极端的派性精神来看待它们。对法兰西越是了解，你就越会发现，就算到了今天，法国人仍旧未能找出一项对大革命客观公允的研究成果。"必须说明，巴雷特的这一看法论述得十分准确，如果想要绝对客观公正地解释某些历史事件，就必须确保这些往事不会再产生任何现实的后果，并且不能涉及政治信仰或宗教信仰，而我们已经论述过，不可避免地，这些信仰总会产生一些不宽容因素。

所以，我们不可避免地要面对历史学家天差地别的评价：有的人认为法国大革命是历史上最邪恶的事件之一，但是其他人却将其视为是最伟大的事件之一。而所有研究法国大革命这一课题的历史学家们，都认为自己做出的是客观而公正的研究和描述，但事实上，如果有人进行细致考察就会发现，他们的研究和理论充满分歧，论证方式更是简单得惊人。虽然相关文献多如牛毛，但其中的内容却充满矛盾，这是因为他们总是有意无意地选择很容易就能证明各自的理论。

迪耶尔（Diehl）是老一辈中研究大革命极具天分的历史学家，但是与米什莱等人一样已经不再受人关注。这是因为他们的学说缺乏系统性，著作中经常出现陈旧的历史宿命论的观点。迪耶尔认为大革命爆发的原因在于百年来一直实行的君主专制，而大恐怖则是外敌入侵所造成的。在他看来，长期的专制统治导致了1793年的过激暴力行为，然而他又宣称国民公会的暴政在历史上本没有发生的必要，暴政只是阻碍了大革命事业的发展；米什莱则将大革命简单地看作他所盲目崇拜的民众的事业，并对它大加赞誉，当今社会仍有许多历史学家效仿他们。虽然这些历史学家的声誉都被泰纳给抹杀了。尽管对大革命满怀同样的激情，但泰纳的研究中却充满了真知灼见，他的辉煌成果是不可取代的。但是，无论是多么完美的著作也难免会存在一些瑕疵。比如，泰纳的叙事能力虽然很突出，但他试图依据理性逻辑的准则判断一些事件的方法却不是那么高明，因为理性根本不能支配这些事件，这一方法注定是行不通的。他在运用心理学描述事实方面取得了卓有成效的成绩，但是，在对事实进行解释时他却显得有些缺乏底气。仅仅将罗伯斯庇尔定位为迂腐的知识分子并不足以解释为什么他能拥有凌驾于国民公会之上的绝对权力，能进行长达数月的惨绝人寰的大屠杀。可以说泰纳的研究虽然洞若观火却分析不够透彻。

即便如此，他的著作仍旧充满洞察深刻的见解，时至今日，还不曾有人能望其项背。我们可以从他与正统雅各宾派忠实辩护者的一场笔仗中，窥见他的巨大影响。当代主教、巴黎大学的奥拉尔教授——这位雅各宾派忠实的辩护者花费两年的时间完成了一本小册子，将矛头指向泰纳，其字里行间浸润着强烈的感情。然而，他只不过是用了两年的时间对少量材料上的错误进行了修正，与总体内容无太大关联。但是柯钦先生认为，奥拉尔经常受到自己引证的资料的蒙蔽，奥拉尔引用的材料是不可靠的。

但是不管人们怎么看待大革命，泰纳学派与奥拉尔学派历史学家之间必然存在不可弥合的分歧。因为在后一派学者的观念里，民众是至高无上的，是值得讴歌和赞美的英雄，但前一派的学者则认为，一旦这些至高无上的民众打破社会约束、释放出自己的本能，就会因此而蜕化为原始的野蛮人。

尽管奥拉尔的理论与大众心理学清楚地指出了大革命的本质，但现代雅各宾党人对它依旧充满崇拜和尊敬之情，在他们心目中，它如同宗教信条一样神圣。他们将大革命的历史以信徒的方式记述下来，并将那些虚幻的神学家的论证和观点视为博学的著作。

二、大革命中隐含的宿命论

无论是大革命的拥护者抑或是诋毁者都必须要承认这样一个事实：在革命事件当中，天命是不可违背的。在《大革命史》一书中，埃米尔·奥利维尔完美地继承并整合了这一理论，他在书中这样写道：

所有人都必须承认这一点，即我们不能将过错归结到那些已经离世的人或劫后重生的人身上。因为仅仅凭借单个人的力量是不可能改变事物的要素和预见事件的发生的，因为事实上它们源于事物的本性及其所处的环境。

泰纳也支持这种观点：在三级会议①（The States Ceneral）召开之时，就早已决定了观念与事件的进程，而且是可以预期的。当代的另一些作者与泰纳持相同的观点，尽管他们对革命的暴力表现出强烈的愤慨之情，但他们同样相信这种宿命论。首先，索列尔回顾了博叙埃②关于古代革命的格言"我们如果只将事情的特殊缘由列入考虑范围，那么所有事物都将出人意料。但是实际上，它们只不过遵循正常的发展规律进行而已"，随后，他表达了一种模糊的意见："一些人认为大革命倾覆了旧欧洲世界，另一些人则认为它使旧欧洲死灰复燃。实际上，这场革命是必然会发生的，它所产生的结果全部都在意料之中，这可以用这一段历史进行验证，也可从用旧制度的惯例加以解释。"

这两次革命无论是治理国家还是对公民权利进行立法，我们都会发现革命本身并没有创造出什么，人身权、财产权或者自由这些在别的情况下同样也可以出现，或者说可以在那些我们称之为正常的年代里产生出来。

那条老定律因为这些论断再次让我们注目——一种现象只是先前现象的结果而已，从这样的一般性命题中我们得到的启

---

① 三级会议，法国中世纪的等级代表会议。参加者有教士（第一等级）、贵族（第二等级）和市民（第三等级）三个等级的代表。三个等级不分代表多少，各有一票表决权。通常是国家遇到困难时，国王为寻求援助而召集会议，因此会议是不定期的。——译者注
② 博叙埃，17 世纪中叶，法国著名神学家。——译者注

示不会很多。我们只能将理论家们所采纳的宿命论①原则（the principle of fatality）作为一种参考，但是不能试图用这个原则对过多的事件做出解释。我已经在其他地方探讨过这些所谓天命的意义，其中我也提到过，只有尽力摆脱这些天命的控制，才有铸就文明成就的可能。没错，历史上诸多事件的发生都具有必然性，但历史上同样出现了一些本不该发生却发生了的偶然性事件。在圣赫勒拿岛，拿破仑曾分析过可能毁灭他伟大事业的6个环境因素，其中，他提到1786年在奥克兹纳洗浴时幸免于难。想象一下，拿破仑如果在当时丧命，那么另一位将军将崛起并取代他，也极有可能如他一般成为独裁者。然而即便有这样的可能性，但他能拥有拿破仑那样的军事才能和政治眼光吗？有能力像拿破仑一样横扫欧洲各国的首都吗？帝国的功绩和结局会是什么样呢？

或许我们可以将大革命视为一种必然，但前提是我们应该认识到这是一场耗费了大量资源和人力的斗争，它发生在那些抱有全新理想的理论家与支配着人类，但尚未为人理解的经济、社会和政治规律之间。理论家们正是因为没有理解这些规律，才使得他们试图指导事件进程所付出的努力归于失败，最终，他们迁怒于自己的失败并诉诸暴力。他们颁布法令宣布所谓的指券②的纸币应当成为黄金的等价物，但这种货币的虚拟价值仍旧狂跌至一文不值。他们颁布实行最高限价法令，结果却助长了他们意欲扑灭的罪恶。在国民公会，罗伯斯庇尔宣布："每一个生活贫困的

---

① 宿命论，人生中早已注定的遭遇，包括生死祸福、贫富贵贱等或相信一切事情都是由人无法控制的力量所促成的。相信宿命论的人认为人间发生的每一件事都是注定的，由上帝或上天预先安排，是人无法改变的。——译者注
② 指券（Assignat）一词是指1789年到1796年期间法国大革命时期发行的可作货币流通的有价证券，是资产阶级掠夺国有资产、进行商业投机和掠夺下层群众的工具。——译者注

平民都可以从由富人提供的公共财政中领取开支"，但是即使颁行了这样的命令、即便增加了断头台的威胁，国库依然空无一物。

大革命中的人们在打破了人类所有的限制之后才在瞬间觉醒，发现一旦这些限制烟消云散，那么这个社会就会处于完全的失控状态，根本就无法正常运行。然而，当他们打算建立新的规范时，又意识到即便是最强有力的社会，再加上断头台的暴力威胁，也不可能完全取代人们头脑中牢不可破的思想。虽然许多在大革命中发生的事件，其结果看上去存在必然性，但其实这也并不是不可改变的，与其说这些结果是由环境造成的，还不如说是雅各宾主义的必然结局，而且本来发生的事情与实际上发生的事情之间存在天差地别。如果路易十六选择了妥协，抑或制宪议会在群众起义时表现得不那么软弱无力，那么，大革命还会按照原来的轨迹发展下去吗？只有在以暴力不可避免的名义下，革命宿命论才能在为之辩护时有用武之地。

因此，我们一定要清晰地认识到隐藏在宿命论教条背后的愚昧无知。在科学未能普及时，大自然支配着我们的命运，但是时至今日，科学水平的不断提高让我们有条件逐渐摆脱这些命运的支配。正如我们在其他地方指出来的那样，我们不得不依赖那些精英人物来消除这些宿命与定数。

三、当今大革命研究者的犹疑

我们在前文已经分析了对某些历史学家的思想和对大革命的观点。因为受到其信仰的限制，他们的考察往往浮于表面，在保守派作家看来，大革命无异于一场噩梦，但是自由派作家却极力为大革命的暴力现象进行辩解。

值得庆幸的是，我们如今对大革命的研究已经越来越心平气和。比如，以往那些鼓吹大革命的自由派作家们也愿意重新认识大革命了，这种新的心理状态，从最近一些作者的如下摘录中我们能够看到一些。一度大肆渲染大革命功绩的阿诺托就曾发问："为大革命的结果所做出的牺牲和付出的代价是不是太高了？"而且他还补充道："从长久的历史来看，对这一问题做出明确的答复并非易事，而且这种迟疑不决还将持续较长的一段时间。"而另外一本书中，作者马德林提出了类似于阿诺托的疑问：即使在我内心的深处，我也认为自己缺乏信心对这样一个复杂的现象做出绝对轻率的判断。我发现，我甚至不能做出一个简短的判断，我觉得，这个事件的起因、事实及结果都是充满了争议的话题。

对于法国大革命，外国历史学家的评价和研究总是显得非常苛刻，但是当我们忆起欧洲在法国发生巨变的20年中所遭受的痛苦时，对此也就不会有什么怨言了。在这些外国历史家中，德国人表现得最为苛刻，弗居洛对他们的认识和观点进行了如下总结：

对于法国大革命，让我们来进行一番坦诚的探讨吧，因为爱国主义的首要原则就是必须说出自己国家的真实情况。德国人对于法国的观点是这样的：这个民族以往高举"自由""博爱"之类的辉煌旗帜，但事实上，在长达15年的时间里它一直饱受蹂躏、谋杀、掠夺、欺诈和压迫的困扰。现在这个民族如今又打出了相同的旗号，组建了一个所谓的"民主政体"，这个"民主政体"做了什么呢？他们专横暴虐、肆无忌惮，让人们避之唯恐不及。这就是德国人在法国所看到的及他们对法国大革命的解读，我们可以肯定地说，只要随手翻看一下他们的书籍和报章，就可以看到他们这样类似的观点。

这个残忍严酷的政府确实做了很多令人发指的事情，它竟然将正值花季的少女、年过八旬的耄耋老人和懵懂无知的儿童处以绞刑，它毁灭了法兰西，但我们不得不承认，它在军事上成功击退了欧洲各国的入侵。被送上断头台的还有奥地利的公主、法国的王后，另有一位公主，在数年后嫁给了一个成为皇帝的陆军中尉，这些都是无法回避的悲剧。从这一段历史中汲取教训是心理学家们应当首先做到的一点，然而遗憾的是，时至今日并没有多少人对此给予过多的关注。但是或迟或早，他们总会发现，只有彻底抛开那些虚构的理论，从实验室中走出去，并将研究对象转向我们周围的事件和人物，心理学才有取得进展的可能。

四、存在于历史研究中的客观性

公正无私被历史学家看作最本质的品性，事实上，每个历史学家们都向我们信誓旦旦地保证说他们是公正无私的。但是就我们所看到的，在看待和研究历史事件时，历史学家们并没有一个严肃缜密的思维逻辑，其自由散漫程度就像画家看风景，也就是说，个人的特性、气质及民族精神总是不自觉地体现在他们的研究中。

因为许多个人主观情绪和观点在画家们心中占据了上风，所以不可避免地，在面对同样的风景时他们就会作出不同的个人理解，他们会突出强调被别人忽视的细节，所以，再现客观风景变成了一项个性化的工作，也就是说，人们以某种独特的敏感性方式来解读它。历史学家同样如此，实际上，他们并不比画家公正客观多少。

历史学家当然可以只通过对文献资料的复述来研究历史，这是一种必要的工作方式，可是有关大革命的历史文献可谓浩如烟海，一个人用一生的时间都阅览不完这些资料。所以，历史学家们必须进行选择。有时是自觉地，但更多时候是不自觉地，作者会有意识地选取那些与自己的政治、道德和社会观点相符的材料。因此，如果简单的年代学就能满足一个历史学家，那么，他只需要编汇每一个事件和它发生的日期就可以了，然而这样的历史不可能做到真正的公正和客观。其实我们也不必为此感到遗憾，因为无论哪一个作者都不可能做到纯粹的公正无私，正是当代普遍盛行的客观性主张才使那些单调、沉闷、庞杂、乏味的著作得以诞生，这些著作阻碍了我们全面地了解一个时期。

历史学家难道就一定要以客观性为借口来逃避自身对人和事件的判断吗？难道他们不愿以敬佩或憎恶的口吻探讨相关的人物或事件吗？其实有两种截然不同的办法可以解决这个问题，从各自的立场来看，每一种办法都是非常正确的，这就是伦理学家和心理学家所持的立场。

作为伦理学家，他们必须依据社会利益来考虑问题，所以他们也只能根据社会利益来评判人物。社会是存在的，并希望继续存在下去，因此社会必须采纳一定数量的规则来确立一个不容侵犯的善恶标准，以此区分恶行和美德。如此一来，社会最终会建立起一种普通人的模型，一旦严重背离这一模型，社会安全就会受到威胁。在对历史人物做出评判时，伦理学家必须以因社会要求而产生的模型和规则为依据，因此在评判历史人物时，他们试图建立一种模型，它是文明进程中必不可少的，而且可以作为引导他人的楷模。譬如像高乃依①那样的诗人往往能塑造出比大多数人高出许多的英雄，这些英雄是难以模仿的，但却能激发出民众的热情。若想提升一个民族的心灵，就必须要有一个可以作为

---

① 高乃依（1606—1684），是17世纪上半叶法国古典主义悲剧的代表作家，一向被称为法国古典主义戏剧的奠基人。——译者注

榜样的英雄。

　　上述是伦理学家的观点，心理学家却另有看法。一个社会或许可以有不宽容的权利，因为生存是它的首要义务，然而，心理学家却可以拿捏好分寸，做到一视同仁。在考虑问题时，他们就像科学家一样对功利价值不以为然，但求得到问题的解释和答案。

　　以上就是心理学家在观察一切现象时所持的立场，当你读到卡里埃下令将受害者掩埋至脖颈，使他们失明，并承受难以想象的痛苦时，每个人都会受到震动。然而，如果想对这些行为进行真切的理解，我们就必须学会冷静，要像生物学家观察蜘蛛享用一只苍蝇一样冷静。如果受到了情绪感染，理性将不再是理性，它任何东西都将解释不了。因此历史学家和心理学家虽然承担着不同的职责，但我们却可以要求他们在解释事实时都运用智慧的方法，透过表面，看透本质。

第二章
旧制度的心理基础

一、旧制度的基础及君主专制政体

每当提起大革命，许多历史学家都断言大革命的矛头直接指向君主制的专制独裁。但鲜为人知的事实是，在大革命爆发前的很长一段时间内，法国国王并不是拥有至高无上权威的君主。一直到路易十四即位后的法国历史晚近时期，国王才拥有了绝对的权力。之前的所有君主，包括曾显赫一时的弗朗西斯一世，并非独权专政，他们都处在与诸侯、教士、议会进行不断斗争的境地，而且他们通常还不能取得胜利。在反对索邦神学院①和议会时，弗朗西斯本人就没有显示出强大的力量来，以至于连最亲密的朋友贝尔干议员都没保护得了。贝尔干议员因得罪索邦神学院（Sorbonne）而被该院逮捕，国王发出将其释放的命令，神学院却拒不放人。最后，国王在无奈之下派遣侍卫将朋友救出来并藏匿于罗浮宫。然而，索邦却利用国王不在的时候，再次逮捕贝尔干，并在上午10点由议会判其有罪，中午就将他施以火刑了。

因此，我们知道法国国王的权力其实是逐步在演变过程中确立起来的，国王权力在路易十四时代趋于顶峰，但又在很短的时

① 索邦神学院，法国巴黎大学旧称，1253年罗伯特·德·索邦创建第一所学院，故名。19世纪改组，早期以神学研究享誉。——译者注

间里迅速衰落，所以，确实很难定义所谓的路易十六的专制主义。

表面看来，国王是这个国家的主人，但是事实上，他不过是被迫接受他的宫廷、大臣、教士和贵族的意志，被迫遵照他们的旨意行事，难有自己决断的权力，在世界上诸多国家当中，也许很少有国王像法国国王这样缺乏自由的了。君主制的巨大权力源于它神圣而高贵的血统，以及若干世代沉淀下来的传统，而这一切就构成了一个国家真正的社会框架。

旧制度会随着它赖以为基础的传统力量的削弱而消亡，拥护者们也会在一波又一波的攻击之后越变越少，于是就像基础不稳的庞大建筑那样，它在瞬间就轰然倒塌了。

二、旧制度的弊端

任意一个政体，其长久存在的基础就是得到他所统治的群众的拥护。政体建立之初，人们只被热情鼓舞着，但是当人们开始认真思考时，它一直被习惯所掩盖的弊端就会显现出来，而人们就会把自己当作悲惨痛苦的人，无法长久地忍受这些弊端。

民众的信念推动了大革命时代的到来，其中，作家们利用自己手里的笔发挥了重大影响，在稍后的内容中我们会再来研究他们的著作。那时候，在旧制度隐蔽下的弊端已经完完全全暴露在世人面前了，我们将在这里提及这些为数不少的弊端中的一部分。

在当时的法国，虽然说中央权力具有绝对的威严，但由于这种威严是国王通过不断地使用武力征服独立省份而得到的，这样一来王国就被分割为若干个区域，且各个区域内的法律和习俗甚至关税也不尽相同，也就是说，国内的税务机构是彼此分离的。所以，法国的统一从某种程度上说只是一种集合，是由各个地区随便拼凑在一起的。包括路易十四在内的历代国王虽然励精图治，但都没能从根本上实现法国的统一，而这一结果却在大革命中得以实现。

除了地域的问题，法国社会还被等级割裂了。社会被严格地分为贵族、教士和第三等级（The Third Estate）这样三个等级，任何人都不可逾越这种严格界定的等级。这种等级间的区分正是旧制度中权力的一种来源，由于被迫严格遵守这种划分，法国人对旧制度的憎恨也被唤醒了。所以，在取得胜利之后，资产阶级将这种长期遭受的蔑视和压迫以各式各样的暴行宣泄出来。一个人一生难忘的伤痛莫过于自尊心的伤害，何况第三等级受到的伤害如此之多。第三等级的代表在1614年召开的一次等级会议上被迫取下礼帽放到膝盖上，当一个第三等级的成员表示三个等级的民众应该像兄弟一样亲近时，贵族代表的发言人却傲慢回应："贵族阶级与第三阶级之间没有一丝一毫的兄弟关系，让我们与第三等级交往，还不如让我们与皮匠和鞋匠的后裔做兄弟。"

尽管启蒙运动在当时已经慢慢展开，然而贵族和教士仍不舍放弃自身的特权与要求。只是由于他们不再承担原先的服务功能，这些特权与要求也就丧失了它原来所具有的合理性。教士和贵族在公共管理职能的运作方面遭遇了王权的排斥，他们逐渐丧失了王权对他们的信任。他们的地位逐渐被资产阶级取而代之，资产阶级越来越博学多才，他们使贵族和教士的社会功能形同虚设，泰纳对此做出了相当准确的解释：

既然贵族已经越来越平庸，而第三等级获得了更多的才能，那么两者此时在教育与才智方面相较就已经不相上下了，而他们在等级方面的严格界定就显得多余而有害了。不平等只不过是人们多年沉积下来的习惯的产物，而现在人们的意识已经对它有所拒绝了。

在法国，等级之间森严的壁垒是由于长期的专制传统造成的，这种壁垒已经深深地刻入了人们的骨血中，因此我们很难找到说服贵族与教士放弃他们特权的那股力量。当然，当事态在那个难以忘怀的夜晚发展到失控的局势时，贵族与教士们最终被迫放弃了自己的特权，但他们对自身特权的放弃已经于事无补，大革命已经变成了一匹脱缰的野马，任性狂奔。

大革命的目标就是实现公民在法律面前人人平等，消除贵族与教士的特权等，但是这一点通过现代化的自然演化就可以实现。就算是精神保守的拉丁民族，也会像其他大多数民族那样最终实现这些目标。如果事情在最初就照这种方式发展下去，那么我们或许就能避免20年的战乱与破坏，至少法国人民不必面对这样惨烈的情况。但是果真如此的话，那么我们这个民族的精神气质必然与现在截然不同。

对于那些自视甚高的上层阶级，资产阶级对他们怀有深深的敌意，而这种敌意是构成大革命的重要燃料，我们因此也就更容易解释为什么获胜者在大革命成功之后，对身居第一等级的教士和贵族进行疯狂的劫掠，资产阶级就地瓜分掠夺来的财富——就像在征服英格兰之后，征服者威廉将掠夺来的土地赏赐给他的士兵。但是，虽然资产阶级对贵族充满了憎恨，他们并没有把主意打到王权头上，并不主张废除王权：事实上，国王不高明的行为和对外国势力的依赖只会让他更惹人厌恶。

第一届议会从未有过建立一个共和政体的想法，实际上，忠诚的保王派占据了其中相当大的一部分，他们不过是想废除旧有的君主制，建立君主立宪制，只有在君主的权利不断上升，让他们感觉到威胁时，他们才会产生抵制国王的想法，但即便如此，他们仍不敢颠覆他。

三、旧制度下民众的生活状况

现在，我们已经无从了解旧制度下的生活，特别是对旧制度下农民的真实处境更难有深切的了解。那些大革命的辩护者们从一切角度维护这场革命，他们所描绘的旧时代画面异常阴暗，在他们的笔下，旧制度农民的生活悲惨无比，我们不禁怀疑：这些悲惨的生灵为什么没有在很久以前死于痛苦的生活呢？

《法国大革命史》（前巴黎大学朗博教授著作）就是这类风格著述的起源。书中的悲惨描写我们暂且略过，其中一幅版画《路易十四治下农民的贫困》吸引了我们的注意，而有一个画面尤为引人注目：一个男子疯狂地与几只狗抢夺已没有肉的骨头；一个肮脏的同伴在他身旁佝偻着身体，压着自己的胃；一个妇人则在后方较远的地方躺在地上吃草；而后方的地面，则被一些说不清是尸体，还是将死之人的轮廓所覆盖。作者通过实例告诉我们，旧制度时期"你只需要花300里弗就可以在某些地区的警察部门买到一个可以挣到40万里弗的职位"，对于那些处于可收获巨大利益位置上的人来说，这样的数目根本不算什么。他还告诉我们："将一个人投进监狱只需120里弗"，而"路易十五时期，颁发的密札甚至超过了15万封"。

我们不能很好地了解大革命的真相，原因还在于关于这一事件的著作都缺乏客观性和批判精神。这样说是理由的，就我们现在看到的关于这方面的文献可以说是多如牛毛，但它们相互之间常常自相矛盾，例如，看了拉布耶里的著名文章，我们就很难想象出英国旅行者扬所描绘的热烈景象，在后者的笔下，法国一些省份的农民处在一个繁荣的社会之中。

那么，当时的法国人真的如同某些作家叙述的那样承担着沉重的赋税吗？他们必须将收入的五分之四上缴，而不是现今的十五分之一吗？实际上，我们谁都无法给出精准的答案。但是有一项重要的事实似乎可以证明旧制度下的农村地区居民的境况并没有这般悲惨，因为当时农民购买了整个法国三分之一的土地。从财政制度方面我们也得到了一些可靠的资料。在当时，不仅预算亏空，农业大臣们还乘机提高各种关税，进行无度的横征暴敛。在三级会议的会议记录上我们可以看到，正是人们对财政状况的普遍不满，引发了大革命的到来。值得注意的是，虽然这些记录不能完全代表以前的状况，但它确实描述了由1788年歉收和1789年冬季萧条所造成的财政危机的真实情况。如果这些会议记录是写于革命爆发前十年的，那它能透露出怎样的信息呢？

即使当时人们的生活并不宽裕，从记录中我们也没能看出任何革命的念头，要求征收赋税时必须经三级会议的同意并让所有等级平等交纳赋税已经是最激进的主张了。当然，国王的权力应该受到一部确定他及其国民权利的宪法的制约，这样的愿望也在同一记录中得以体现。在这样的情形下，一旦这些变为现实，立宪君主制取代绝对君主制就是顺理成章的事了，大革命也就不可能出现在法国历史上。然而遗憾的是，由于贵族与教士的势力太过强大，而相对的，作为国王的路易十六，力量就显得十分微弱，因此也就无法施行这样的解决方案。而且，作为大革命的始作俑者，资产阶级的要求也过于激烈，他们甚至想将贵族取而代之。没过多久这场由中产阶级发动的运动就超出了他们的期望和需要，他们主张平等不过是为了满足自己的利益，但在主张提出后，广大民众也要求平等，在这样的状况下，大革命最终的结局是他们始料不及的，它演变为了大众政府。

人的情感要素演变往往是非常缓慢的，可是在大革命期间，这种演变却极为迅速，这不仅体现在民众对君主制的感情变化上，就连革命议会也是如此。在短短的几年时间里，第一届议会的代表们就把他们原本拥戴的路易十六送上了断头台。这些变化与其说是深刻的，不如说是肤浅的，不过是对同一秩序的情感发生转移罢了。人们对国王的敬畏在这一时期快速转移到了新政府上，我们很容易就能证明这一转变机制。

在旧制度下，君主就是一切，他掌握着至高无上的权力，民众认为上帝将一种超自然的权威赋予了君主，在这片国土的每一个角落，臣民们都仰望着他们的君主。但是当事实多次证明，那个他们所崇拜的君主不过是一个人为树立起来的偶像时，他们对君主绝对权力的这种神秘信仰就会在瞬间烟消云散，而国王的威望也会随之化为乌有。而一旦君主的威望不复存在，群众就会将其踏在脚下，不仅如此，他们还要努力寻求另一种新的偶像来取而代之，因为他们的生存必须要仰赖偶像的存在。

在大革命爆发前夕，狂热的信徒就已经逐渐证明了这样一个事实：王室的权威早已名存实亡，普通民众的力量已经超越了王权的威严。试想一下，当群众目睹国王被议会限制，而且在面对武装进攻时，无力保卫自己在巴黎中心地带最为坚固的要塞时，他们会作何感想？

民众不仅看到了王室的衰微，也看到了议会权势的直线上升。目前，虚弱者在群众的眼里威信扫地，他们会选择偏向有实力的一方。

国会议员们的感情在这一时期也发生了一些变化，尽管这种变化是迟钝的、滞后的，甚至在民众攻占巴士底狱及国王向外国君主求援时，他们仍残留着对君主制的忠诚，因此巴黎的暴乱与事变尽管能将路易十六送上断头台，但他们并没有彻底否定王权。在外省，这种虔诚更因为人们根深蒂固的传统观念而得以长期保持，正是由于法国大部分地区民众对国王的忠诚，所以在大革命期间，保王党人的阴谋和起义让国民公会头疼不已，因为他们总能找到信徒。只有在巴黎，因为国王的虚弱暴露无遗，这种忠诚才有了极为明显的消退。民众对王室的情感是如此的牢不可破，甚至连断头台都未使他们的信仰有丝毫动摇。有一个事实我们需要注意，那就是在整个大革命期间，保皇主义的运动从未停止过，在督政府执政期间一度还曾气焰嚣张，49个地区的保王党代表从各地汇集到巴黎请愿，最终引发了果月政变①。

大革命无法压抑这种对君主制的情感，正是这种情感促成了拿破仑的成功，当他登上古代国王的宝座时，可以说他在很大程度上是在重建旧制度。

① 果月政变，法国督政府中的共和派督政官为镇压王党复辟活动而组织的政变，发生于共和5年果月18日（1797年9月4日），故名。——译者注

第三章

大革命时期的精神无政府状态与哲学家的影响

一、革命思想的发端及传播

人们外在的生活、行为都会受到其内在精神的支配，而内在精神则是包括传统、情感、道德影响力等在内的一套框架，不仅人们的行为受到这些要素的指导，这些要素还维持着某些人们全盘接受的基本观念。在特殊情况下，如果这套社会架构的抵制力被削弱，那么以往那些不具有多大进步力量的新思想、新观念就会悄然壮大。两个世纪前，那些在大革命期间取得巨大成就的理论就曾遭遇顽强的抵抗并不幸地折戟而归。

我写下上述的文字，不过是想提醒读者们注意这样一个事实，即人们的心理转变引发了革命的表面事件，所以，当我们试图深入研究大革命时都应该以研究孕育它的精神土壤为基础。

就像我在前文所说的，思想上的演变和发展是一个缓慢的过程，正常的情况下我们无法在一代人身上看出什么明显的变化。只能是对比同一个社会阶级在心灵演化曲线的两个极端精神状态，从而使思想演进的程度得以明确地显示。为了方便理解民众从路易十四时期到路易十六时期对王室的不同观念，我们有必要比较一下博叙埃与杜尔哥①的政治理论。当博叙埃所表达的正是他那个时代的人们所拥有的对绝对君主制的观念："这是上帝的意志，对于国王的行为，凡人是没有足够的能力加以评价的，能做出评价的只有上帝。"那时候，对宗教的虔诚和对君主的忠诚紧密相连，这种看法非常普遍。

路易十六的改革大臣们则表现出一种完全不同的精神，比如在杜尔哥的著作中君权神授也不过只是一句口号，民众的权利则得到了更多的重视。这种巨大的变化是由一系列事件促成的，其中包括不幸的战争、饥荒、关税和路易十五统治末期的普遍贫困等。一场精神上的反叛取代了对君主权威的崇敬，时机一旦成熟，它就会登上历史舞台。原有精神架构的解体，意味着其末日的来临，这一点或许可以解释为什么那些一点也不新奇的思想会在大革命期间得到迅猛传播，并产生重大影响，因为这事实上不过是一个水到渠成的过程。这些发动了大革命的中产阶级已经从教科书里了解了这一切，但这些事实未能触动他们的灵魂，因为这些思想还没来得及对他们产生作用。在大革命起源的过程中，哲学家所发挥的实际影响并不如想象中的那么大，他们但是如此富有吸引力和影响力的思想观念如今已经灰飞烟灭，这种精神在很长一段时间里鼓舞着英国的政治生活，而早在两千年前的古希腊和罗马时期，作者们就曾著书立说毫不留情地抨击暴君，捍卫个人尊严，宣扬民众主权。

但是我们也必须承认，哲学家们确实也做出了一些贡献，即发展了批判精神，任何教条都无法抵制这种批判精神。这种批判精神使得那些失去尊崇地位的事物越来越失去威严。社会的大厦

---

① 杜尔哥（Turgot，1721—1781），是法国政治家和经济学家，出身于巴黎一个贵族家庭。曾任代理检察长、法院裁判长、海军大臣、财政大臣。——译者注

随着传统和威信的消失顷刻坍塌，也是自然而然的了。最终，这一连锁的崩溃还是传递到了民众那里，当然还有一点需要谨记，即它并不是由民众发起的，民众从来不会身先士卒发挥表率作用，他们向来都只是榜样的追随者。

尽管哲学家所能对民众产生的影响非常之小，但这微乎其微的影响还是作用在了民族中已经开化的那一部分人身上。这些贵族整日游手好闲，由于传统被社会职能所剥夺，因此他们对社会百般挑剔，更倾向于追随其领袖。由于目光短浅，他们率先跳出来与自己唯一赖以为根基的传统决裂。与今天的资产阶级类似，人道主义和理性主义深受他们的欢迎，他们以批评的方式持续挖着自己特权的墙角，。每个阶级都感到以前的行为动机正日渐消失，若干个世纪以来被视为神圣的事物也变得再寻常不过。

在当时贵族与作家的批判精神只是一种倾向，但还不足以颠覆传统，然而，这一举动却使其他强大势力的力量得到了加强。在征引博叙埃的言论时，我们已经说过，如今看来，宗教机构与世俗政府是远远分离开来的，可是在旧制度下，他们却是不可分离地紧密联系在一起的，是荣损与共的关系。事实上，在君主制观念发生动摇之前，一些受过教育的人已经逐渐摆脱了宗教传统的束缚，神学被通过观察而获得的真理所替代，知识也不断获得进步，越来越多的人将注意力从神学转向自然科学。我们虽然至今也没有清晰地把握这一精神发展脉络，但我们知道它足以表明一直引导着人们长达若干世纪的传统已经失去了它们应有的价值。人们都赞成将传统和神祇失去的力量赋予给理性，但理性又凭什么获得人们的信任呢？虽然理性所取得的成就是尽人皆知的，但有足够的依据证明把理性运用到社会建构上来就能够彻底改造社会吗？即便如此，理性可能具有的作用也仍然深深吸引着那些思想开明的人，相对地，传统则渐渐失去了人们的信任。对于赋予理性的至上权威，我们应当将其看作终极观念，因为它不仅引发了大革命，而且其主导地位贯穿于大革命的始终。人们在整个大革命期间都为了与过去决裂而付出艰辛的努力，他们试图依据一项按逻辑制定的全新蓝图来重建社会。

最后，唯理主义论传播到底层民众时，一直被压抑的民众就会认为：新时代到来了！以往被尊重的一切事物如今已不再值得尊重，现在人人都是平等的，从前的老爷和主人的命令已不必服从了。于是，轻而易举地，群众终止了连上流阶级自身都已经不再尊崇的事物的崇敬，而革命则在崇敬的枷锁被打开时宣告成功。那么这种全新精神状态的转变会带来什么后果呢？第一个就是民众的反抗与不服从，一位贵族夫人曾向我们描述，在街上漫步的人群一边跳过马车的底板，一边向她们叫嚷道："你们很快就会被甩在后面，而我们则将坐在车里。"

在大革命的前夕，不仅平民表现出了这种不顺从与不满，应该说这样的情绪非常普遍。泰纳就指出："下层教士之于高级教士，外省贵族之于宫廷贵族，封臣之于领主都充满了敌意。"

在召开三级会议的时候，这种心态不仅存在于贵族与教士之间，连军官们也开始变得人道主义化，虽然士兵暂时还没有明显的反抗行为，但也不再如从前那样顺服了。在他们简单的思维逻辑中，反抗一切上级、主人和一切命令就是所谓的平等。在1790年，多达20多个团的士兵对他们的军官构成了威胁，而在诸如南锡一类的地方，军官竟然被他们投入监狱。

无政府状态散布于社会各个阶层之中正是旧制度消亡的首要原因，而这种状态最终蔓延到了军队里，一位历史学家就曾写道："王权倾覆的原因就在于军队受到了第三等级思想的影响。"

二、18世纪哲学家关于大革命起源假想的影响及对民主政治的厌恶

哲学家之所以被看作是法国大革命的鼓吹者，可能就是因为他们总是毫不留情地抨击特权及对这些特权的滥用，但时请不要因此就把他们看作是大众政府的同党。事实上，民主政治与他们的思想并不相符，他们没有忽视包括破坏、暴力在内的民主的必然伴生物，并且都清楚早在亚里士多德①时代，民主就被进行了这样的定义："包括法律在内的所有事物都取决于大多数人的意愿，他们可以为所欲为，糟糕的是在这样的国家里，他们还常常被一些巧舌如簧的煽动家控制。"

皮埃尔·培尔（Pierre Bayle）——伏尔泰的真正的思想先驱就曾这样评述雅典大众政府的后果：

我们会发现这段历史事实上展示的是群众的骚乱、导致分裂的内讧及困扰城邦的煽风点火；人们迫害、放逐那些真正优秀的人物，甚至还会在一个罪恶的谣言传播者的教唆下将这些杰出人物处死。我们很容易就可以作出这样的判断，即对自己的自由如此自负的这个民族不过是一小撮阴谋家的奴隶罢了。在那些被称为煽动政治家的人的指引下，他们一会儿向东，一会儿向西，见风使舵，随波逐流，像雅典这样频繁的暴政哪怕是在马其顿实行的君主制也不曾出现过。

孟德斯鸠也并不完全认同民主政体，在对君主政体、共和政

---

① 亚里士多德（前384—前322），古希腊哲学家、科学家和教育家，对其之后几乎所有的西方哲学家都产生了巨大的影响。他的著作包含许多学科：物理学、形而上学、诗歌（包括戏剧）、音乐、生物学、动物学、逻辑学、政治、政府及伦理学。和柏拉图、苏格拉底一起被誉为西方哲学的奠基人。——译者注

体、专制政体这三种政体进行描述之后，他明确指出了大众政府可能造成的后果：

> 过去人们曾经依靠法律手段获取人身自由，而如今反抗法律却成为人们追求自由的途径。所有的公民看上去就像是从主人家里逃跑出来的奴隶，人们把过去的准则说成苛刻，把过去的规矩说成是禁锢，把过去的慎重称为畏惧。在那里，人们将节俭视为贪婪，而占有欲却不在贪婪之列。私人财产在从前是公共财产，而如今公共的财富却变成了私人的家业，共和国转变为巧取豪夺的对象，它的力量来源不过是几个公民的权力加上全体的放肆而已。

正是在这样的背景下，很多小暴君陆续出现了，单一的暴君所具有的全部邪恶在这些小暴君身上都得以体现。不久，民众残存的一点自由也被侵蚀，这时就诞生了单一的暴君，民众原本拥有的一切也随之丧失，甚至连腐化的好处也包括在内。

所有这些被视为激发了大革命的人所持的观点，并不具有颠覆性，事实上，对于革命运动的发展，他们也产生不了什么根本性的影响。卢梭算得上是当时那个时代为数不多的几个民主主义哲学家之一，所以，大恐怖时期的人们纷纷追捧他的《社会契约论》。必须找出一些恰当的理由来宽容那些产生于无意识的神秘情感冲动的行为，然而，哲学是不会鼓动这些冲动的。事实上，卢梭的民主主义也有令人存疑之处，这一点他本人也无法否认，只有非常狭小的邦国才适合于以民众主权为基础的社会重建方案，而像法国这样的大国则不适宜，因此当波兰人在后来邀请他为波兰起草一份民主宪法方案时，他向波兰人建议选择一位世袭君主。卢梭理论中有关原始状态完美至善的理论引起了极大的反响，获得了巨大的成功，他与同时代的许多作家一样，认为原始人是至善至美的，而他们之所以堕落，原因在于他们所处的社会环境。而一个社会则可以通过良好的法律规范重获早期世界的幸福。然而由于缺乏对心理学的足够认识，卢梭认为所有的人不管在何时何地都可以受同样的法律与制度的约束和统治，在当时的社会，这是一种非常普遍的信仰，爱尔维修[①]就曾写道："通常来说，民众的恶行和美德都是立法的必然结果……在所有民族的观念里，美德都是智慧，而这种智慧在通常意义上来说都是完美的，我们难道还会对这一点产生怀疑吗？"这是最为荒谬不过的论断了。

三、资产阶级在大革命时期的哲学思想

那么，中产阶级在大革命时期的社会政治观点是什么呢？答案可能是非常复杂的。不过或许我们可以把它们简单归结为平等、博爱及大众政府。一些历史学家指出，他们是渴望原始人一样单纯的社会生活。

但事实上，同现代的野蛮人一样，原始人愚昧残忍，他们不能感知善良、道德及同情，只会凭本能冲动行事，他们在饥饿时走出洞穴捕杀猎物；在充满仇恨时将敌人吊死。只要理性尚未出现，他们就不可能遏制自己的本能。与一切革命信仰截然相反，文明的目标是要摆脱自然状态，而非返回自然状态。正是因为雅各宾党人破坏了文明赖以为基础的一切社会限制，致使人类又回到了原始状态，使政治社会回归到野蛮的原始状态。

关于人之本性的理论所具有的价值，这些理论家的观点大约

---

① 爱尔维修（1715—1771），法国启蒙思想家，18世纪法国唯物主义哲学家。曾任总包税官。他考察了第三等级的贫困和封建贵族的糜烂生活，因而痛恨封建制度。后来，辞去官职，专心著述其作品《百科全书》的编辑工作，对封建制度及教会进行了无情的揭露和批判。——译者注

与一个普通罗马人关于预兆的力量的看法相差无几。但是，这些理论作为行为动机的力量是不容小觑的，这样的思想一直鼓动着国民公会。因为当时的科学并不发达，所以对原始祖先的看法出现错误是可以原谅的，事实上，我们根本没能清晰地了解原始人的生活。然而，直至大革命时代，人们还是对人类心理表现出绝对的无知，这就不免让人觉得奇哉怪也了。

看上去的确如此，似乎那些18世纪的哲学家与作家们并不擅长进行最细微的观察，他们虽然置身于同时代的人中，却没有看透、也没有理解他们。最为明显的表示就是，他们从未怀疑过大众心智的本性，他们一直相信民众所追求的也就是他们自己所梦想塑造的。他们的无知不仅体现在罔顾历史教训方面，还体现在对心理学的忽略方面，在他们的观念里，平民大众的本质是善良、博爱、懂得感恩的，而且他们会随时服从理性的指导。

国会议员们幻觉的深刻程度可以从他们所发表的言论中窥见一斑，他们惊讶于农民疯狂焚烧城堡的行为，但他们的应对方式却是忙不迭地发表最动情的长篇大论，试图以此阻止暴行，劝诫农民切莫"惹恼了善良的国王"，并请求他们"用美德来使国王动容"。

四、与旧时代的决裂及法律改造人性的幻想

人们可以轻易地与过去决裂并通过制度彻底重建社会，这是一切革命的基石。理性让人们相信，除了原始时代之外，过去所代表的一切都是谬误与迷信，当代的立法者们完全可以与过去划清界限。为了使自己的政治理想得到更好的体现，他们创立全新的纪元，变换历法，甚至更改月份和季节的名称。

假设说世界上所有人都是相似的，那么他们的立法对全人类

来说都是适用的。孔多塞[①]怀着无比的自信做出了以下的论断：
"一项良好的法律必定让每个人都从中受益，犹如一个几何命题对每个人来说都是正确的。"但事实上大革命的理论家们从未清晰地认识到事物的表象，因此，他们也不可能洞悉隐匿在它们背后的原动力。还得需要一个世纪的时间，生物学取得的进步才使人们意识到，这些理论家犯下了多么令人心痛的错误，同时，这种进步还告诉我们，所有民族的进化都离不开传统的根基。

过去的影响不断地冲击着大革命中的奋斗者们，虽然并不理解它，但他们一直试图消灭它，结果却适得其反，被它所消灭。

大革命临近终结时，立法者们对法律和制度绝对力量的信仰产生了严重的动摇，但在革命初期，他们的这种信仰却是坚定不移的。在制宪会议上，格雷古瓦教士[②]发表的演说完全没有引起人们的惊讶："我们完全有可能改变宗教信仰，只是当前我们不愿这样做而已。"而他们确实也在后来的历史中选择这么做了，只是最终以惨烈的失败告终。但是，雅各宾党人还是将全部成功的要素掌握在手中，他们依靠暴政清除了所有的阻碍，强制推行的法律也非常顺利地通过了。不过，在历经了十多年的破坏、焚烧、掠夺、屠杀之后，他们的虚弱也暴露无遗，并最终陷入山穷水尽的境地。最终，那个被整个法兰西企盼的独裁者，不得不重建大部分已然遭受毁灭的事物。就像我所说的，雅各宾党人其实是进行了一场十分危险、狂妄的实验，他们企图以理性的名义重塑社会，在人类历史上，可能再也不会出现这样的实验了。

虽然这是一个非常可怕的教训，但在相当重要的一个阶级的

① 孔多塞（Condorcet，1743—1794），18世纪法国最后一位哲学家，同时也是一位数学家，启蒙运动的最杰出代表人物，有法国大革命"擎炬人"之誉。——译者注
② 格雷古瓦(1750—1831)，法国高级教士，后进入三级议会。——译者注

头脑里，并未对它给予足够的重视，所以，即便在我们这样的时代中，仍然常常可以听到这样的建议，社会主义者要求按照他们的空想计划彻底改造社会。

五、关于大革命原则理论价值的幻想

如果我们稍加回顾，就会发现大革命的基本原则旨在建立一种全新的社会分配关系，这一原则包含在一系列的权利宣言之中，它们分别公布于1789年、1793年、1795年，三个宣言无不支持这一声明："民众享有主权。"除了这一点外，三个宣言在其他问题上的说法却不尽相同，例如平等问题。1789年宣言的规定十分简单："人生来就是平等的"；1793年的宣言则走得更远，它向我们断言："按人们的本性，每个人都是平等的"；1795年的宣言则显得较为适度，它说："所谓的平等是说在法律面前，所有人都是平等的"。除此之外，第三个宣言在提到权利时认为应当首先提及义务，它的道德即为福音书的道德，宣言第二条称："天然地铭刻在每个人心中的两条原则是一个人与一个公民所有义务的来源，这两条原则是：己所不欲，勿施于人；己欲立而立人。"

关于平等和民众主权的那些部分是这些宣言的实质性内容，也是得以真正保留下来的内容。虽然现在看来存在缺陷，但是平等、自由、博爱等共和主义的美好愿景还是发挥了不容忽视的作用。

直至今日，这一充满神奇魔力的宣言不仅还被装饰在墙壁上，而且也铭刻在我们心中，可以说它的确拥有某种独特的力量，一种类似于古老巫师所使用的蛊惑性字眼的力量。它的许诺所唤起的新希望为它带来了难以想象的扩张力，从城市到乡村，成千上万的人甚至不惜为它牺牲生命。甚至在我们所处的这个时代，同样的宣言还在被援引到世界任何一个爆发革命的地方。

这一宣言也是对心理学的巧妙运用，因为它属于那种模糊不定的词语，而且能激起人们对未来的无限憧憬和向往，人们根据自己的爱憎与希望可以做出各自不同的诠释。至于这些词汇的真实含义和附带意义就显得无足轻重了。

平等是革命宏图三个原则当中最有成效的一个，我们会在本书的另一部分中指出，只有这一原则至今还存活且卓有成效。我们当然不能说大革命是唯一将平等思想引入到世界上来的，事实上，甚至都不必追溯到古希腊的共和国，我们就会发现，许多平等的理论包含在基督教和伊斯兰教的教义中。作为同一个上帝的臣民，在他面前，众生平等，而评判他们的唯一标准就是他们的美德。无论是在基督教徒那里还是在伊斯兰教徒那里，上帝面前的一切灵魂一律平等的教义都是同等重要的。

然而，平等的实现并不是一项原则的声明可以保证得了的，这是一种天真的幻想。基督教会很快就放弃遵从理论上的平等而行事了，而处于大革命中的人们也只有在演说中才把它想起来。

因为使用它的人各不相同，"平等"一词被赋予了不同的含义。与其真正意义相去甚远的情绪常常隐含其中，而且表现出任何人不得胜于他的这样一种专横要求及自觉高于他人的念头。无论是大革命时期还是今天的雅各宾党人，"平等"这一字眼对于他们而言不过是对一切优越的嫉恨罢了，为了消除这些优越，他们佯称要统一礼仪、习俗和地位。除了他们施行的专制，似乎所有专制在他们眼里都是可憎的。

因为无法避免自然的不平等，所以他们拒绝认可它们，1793年的第二个权利宣言甚至罔顾这一事实公然断言"所有人按照自然一律平等"。由此可见，许多大革命中的人对平等的满腔热忱不过是对不平等强烈不满的掩盖而已。拿破仑正是为了使他们的欲望得到满足，才被迫重新启用贵族的头衔和装饰。泰纳指出了拿破仑能够从最桀骜不驯的革命者中选拔出最驯服的臣僚的秘密所在，他接着这样说道：顷刻之间，通过有关自由与平等的布道，他们完全暴露出对权力和支配他人的欲望，甚至连下属在多数情况下也充满了对金钱和享乐的渴望。救国委员会委员与帝国大臣、长官、次长之间并没有什么不同。

　　资产阶级对民众主权的声明就是平等教义的第一个产物，但是在大革命期间，民众主权却一直停留在理论上，成为一纸空谈。

第四卷
制宪议会

第一章
制宪议会的心理

一、神秘主义成分

前文已经论述过，无论多么理性的信仰一旦传播到普通群众那里，理性的影响立即就会遭受集体力量和情感力量的强力排挤，并且烟消云散。而神秘主义则会作为革命信仰的根基迅速将新的信仰传播到全世界。

神秘主义不但在事件中有所体现，而且也会反映在每个个体的心理状态上。或许大革命最为重要的要素就是神秘主义，所以，如果我们想清楚明确地理解大革命，就必须将大革命看作一种宗教信仰的构成。实际上，我在别的地方关于所有宗教信仰的论述在大革命上同样适用，如读者在涉及宗教改革的章节中，会看到很多宗教信仰与大革命的相似之处。

宗教信仰的理性价值，哲学家们关于这个问题的研究，花费了相当长的一段时间，可是后来他们却发现这个问题的研究价值并不大，所以，现在他们能够比较恰当地理解理性的作用了。哲学家们必须承认，在转变文明中的诸多要素方面，最为重要的还是这些信仰的要素。

信仰是一种充满狂热的存在，它能够让人们脱离理性，并将人们的思想和情感引向一个极端。由于理性在人们心中不会产生太大的热情，所以纯粹的理性是不可能拥有信仰这样的力量的，大革命之所以有如此惊人的扩张力，并且时至今日能够保持持久巨大的威望，其原因就在于大革命采用了宗教的形式。但是，关于这一点，有很多历史学家都能够看到。我认为，最早洞悉这一点的人就是托克维尔①。

托克维尔在他的书中写道："法国大革命披着宗教革命的外衣，以宗教革命的形式进行了一场轰轰烈烈的政治革命。从其常规的和典型的特征来看，法国大革命的确与许多宗教或宗教革命有相似之处：大革命如宗教革命一样，不仅传播范围广，而且也是以预言和布道的方式在人们心中牢固树立一种信仰。法国大革命是一场能够激发人们改变信仰的政治革命，在国内人们兴高采烈地完成革命，并且人们又以同样的热情向国外传播革命。想象一下，这样的景象是怎样的新奇啊！"

如果我们能够认清并承认大革命的宗教因素，那么对于大革命接踵而来的狂热和破坏就很容易解释了，因为我们能够从历史中得知大革命的这一特征是宗教的伴生物，所以说大革

◤ 作为一种观念，宗教的价值和重要性就被极大地提高了；而人的价值、道德自由和自我决断则荡然无存。这很符合奥古斯丁在自己的著作《上帝之城》中所阐明的纲领。

★荣格

---

① 托克维尔（1805—1859），法国历史学家、社会学家。主要代表作有《论美国的民主》和《旧制度与大革命》。他曾经历过五个"朝代"（法兰西第一帝国、波旁复辟王朝、七月王朝、法兰西第二共和国、法兰西第二帝国），1851年政变之后托克维尔对政治日益失望，并退出政治舞台。——译者注

命带来暴力和不宽容就是必然的，这是取得胜利的神灵对其信徒发出的命令。在长达20年的时间内，法国大革命一直在整个欧洲逆天而行，这也使法兰西变成了一片废墟，数百万人也因此失去了生命，国家也屡遭战祸洗礼。然而，如果不付出惨痛的代价就不足以让人们的信仰发生任何实质性的改变，这似乎已经成为一条颠扑不破的定律。

一般来说，神秘主义的因素通常是信仰的基础，但有时候也会掺杂一些其他的情感因素和理性因素。这样一种鱼龙混杂的信仰可以服务于情感领域，也就是群体的激情、情感和利益；而理性则能够掩饰这一切，并企图为事件的合理性进行辩护，当然，事实上它是不会起到任何作用的。

在大革命刚刚爆发的日子里，几乎所有人都在自己的愿望的基础上为新的信仰披上各种各样理性的外衣。人们注意到在大革命过程中，无论是政治上的、宗教上的，还是等级上的那些曾经使他们备受屈辱的一切专制全都受到了镇压；像康德[1]这样的思想家和歌德这样的作家一直梦想着在大革命中看到理性的胜利；更有甚者，以洪堡为首的外国人士还特意来到法国"呼吸自由的空气，欣赏专制的葬礼"。

然而，在知识分子中间，这些幻想并没持续太长的时间，整个事件不受任何控制，戏剧性的变化很快就将梦想的真实基础展露无疑。

---

[1] 伊曼努尔·康德（Immanuel Kant, 1724—1804），德国哲学家、天文学家、星云说的创立者之一、德国古典哲学的创始人、唯心主义、德国古典美学的奠定者。他被认为是对现代欧洲最具影响力的思想家之一，也是启蒙运动最后一位主要哲学家。——译者注

二、旧制度的瓦解与三级会议的召开

要探究大革命思想的起源可不那么容易，因为革命思想其实早在大革命来临之前就已经慢慢在人们的心中酝酿了。前文中提到的那些革命因素出现以后伴随着法国大革命如火如荼地进行，路易十六的登基成为现实。面对现状，中产阶级的不满越来越强烈，所以他们不断地提出自己的改革要求。是的，在当时的环境之下，改革已经成为人们最响亮的呼声，呼之欲出。

尽管路易十六完全能够理解改革的效用，并且也愿意尝试，但因为其自身的软弱性，使得他根本没办法驾驭贵族和教士，甚至都保不住支持自己的改革大臣马勒谢尔伯和杜尔哥。频繁出现的饥荒、逐年加重的赋税，这一切使得各个阶层都陷入贫困的境地，虽然如此，法国宫廷依然过着奢靡的生活，与普遍贫困的局面形成了巨大的反差。

面对窘境，法国贵族们也试图挽救财政危机，他们被召集起来开会，但是他们拒绝接受一个平等的税收体系，而仅仅批准了一些无关痛痒的改革措施。关于贵族们通过的这些法令，高等法院不予登记，因而被解散，而各省的高等法院纷纷仿效巴黎高等法院的做法，也都被解散。然而舆论在他们的主导之下，为此，法国各地都纷纷提出要求召开已经近200年没有召开过的三级会议。

决议的结果如下：在法国500万的人口中，有10万教士和15万贵族，他们派出各自的代表组成总共1200名代表。其中第三等级的代表有578名，主要由地方官员、律师和医生组成；而300名教士代表中有200人是平民出身，这些人将自己的命运与第三等级紧密地连在一起，联合起来反对贵族和教士。

从第一次会议开始，在心理上，不同精神状况和社会地位的代表之间就发生了直接的冲突。第三等级代表的寒酸落魄形象与特权阶级代表的华丽高贵形象形成一种让人感到羞辱的强烈对比。

在第一次会议上，由于贵族和教士成员拥有自己的阶级特权，所以在国王面前他们没有免冠，第三等级的代表们意欲效仿贵族和教士阶级，结果却引来了特权阶级代表们的共同抗议。在接下来的一天里，更多打击第三阶级代表自尊的抗议声连续不断，第三等级的代表邀请坐在单独大厅里议事的贵族和教士代表们为他们的权力作见证，结果却遭到贵族和教士代表的断然拒绝。经过一个多月的磋商，最终，在西哀耶斯教士的倡议之下，第三等级的代表认为自己代表了国家95％的人口，宣布由自己组建一个国民议会（National Assembly）。从这一刻起，就拉开了大革命的序幕。

三、制宪议会

对手的强弱在侧面反映了政治议会力量的强弱。制宪议会（The Constituent Assembly）对自己遇到的微弱抵制感到无比震惊，它对自身强大的认知使得其完全失去了理智和自制能力。从会议的初始，制宪议会就把自己能拥有的权力无限放大了，尤其是它佯称自己拥有征收赋税的权力，而这在国王看来，无异于是对自己权威的挑衅和蔑视。

路易十六也作出了回击，但是他的回击是如此的软弱无力——仅仅下令关闭了三级会议的议事大厅。就像我们看到的，路易十六的做法毫无作用，根本没能阻止代表们，这些人开始在网球场的大厅里召开集会，并且宣誓要通过一部宪法，否则他们是不会解散的。有很大一部分教士代表加入了代表们的队伍，对此，国王宣布议会的决议无效，并下令让代表们解散。当大司仪官布勒泽侯爵试图劝说代表们服从国王的命令时，议会主席巴伊回答道："我们有自由在这里集会，我们代表了所有国民，我们不接受任何命令!"而米拉波则向国王的特使声称，召集议会依据的是民众的意志，除非依靠武力手段，否则我们绝不解散。面对此种局面，国王被迫再次进行妥协。

代表们在6月9日的会议上是以制宪议会的名义行事的，这是一个具有重大意义的历史事件。在长达几个世纪的时间里，这是第一次国王被迫承认一个新权力的存在，而在此之前，无论是民众的权力，还是由民众的代表所行使的权力，国王的态度都是置之不理的。这一事件向我们传达了这样一个信息，即君主专制政体已经不复存在了。

面对政局，路易十六深深地感到自己受到越来越大的威胁，于是，他从凡尔赛召集了一些外国雇佣兵，并将这些人组成兵团准备随时反击。制宪议会要求路易十六撤离这些军队，对此，国王坚决地回绝了，并撤掉了奈克尔的职务，让独断专行著称的布洛利元帅取代其职位。

然而，议会有许多坚定而忠诚的拥护者，卡米尔·德穆兰等人对此采取了积极的应对办法，他们向群众进行长篇演说，呼吁大家捍卫自由。警钟被卡米尔·德穆兰等人敲响，一支12000人的民兵集结而成，他们从残废军人院那里取得了步枪和大炮。7月14日，武装的民众朝着巴士底狱进发，在这座要塞民众几乎没有遇到法国军队强烈的抵抗，仅仅相持了几个小时，民众在监狱中找到了7名囚犯，其中1名囚犯是个疯子，另有4人是被指控作伪证的刑事犯。

巴士底狱曾经让许多人成为专制权力下的牺牲品，在许多人的心目中，巴士底狱是王权的象征，但攻占它的民众并没有吃过它的苦头，因为巴士底狱关押的一般都是贵族阶级的囚犯。

　　武装民众攻占巴底狱的影响非常巨大，这种影响甚至一直延续至今，就连朗博德这样严肃的历史学家都向我们断言："巴士底狱被攻占不仅是法国，更是欧洲历史上的重大事件，它开创了世界历史的新纪元。"

　　朗博德如此的斩钉截铁或许有些过分，巴士底狱被攻占这一事件的重要性仅仅在于这样一个心理学事实，不久前还是令人敬畏的权威竟然如此软弱无能、不堪一击，对此，民众第一次真正掌握了一项明确的证据。

　　在公众的眼中，权威的原则一旦受到损害，就会在一瞬间垮塌。面对一个无力自保的重要堡垒，与民众为敌的国王，还有什么要求不能提出呢？同样，主人的权力也不再是万能的了。

　　在法国大革命的历史上，攻占巴士底狱仅仅是数量繁多的精神腐化现象的开始。尽管对革命没有太浓厚的兴趣，但是外国雇佣兵也已经开始哗变的征兆，对此，路易十六迫于无奈将这些雇佣兵解散。同时，路易十六召回了奈克尔，让他回到了巴黎市政厅，奈克尔的复出充分表明已经承认了既成的事实；奈克尔从国民自卫军司令拉法夷特①手里接过了三色帽徽，帽徽由代表巴黎的红、蓝二色加上代表国王的白色构成。

　　随着巴士底狱被攻占，骚乱暂时得以平息，我们绝不应该把它看作"历史上的一个终极性事件"，但是，巴士底狱被攻破的

---

① 拉法夷特（1757—1834），法国的将军、政治活动家、侯爵。他出身于贵族家庭，1789年被选为法国三级会议代表，是最早和第三等级代表协同行动的贵族代表之一。巴士底狱被攻占后，他被推为国民自卫军总司令。1791年7月17日因下令对在马尔斯校场集会示威的群众开枪而令大众失望。1792年8月10日推翻君主立宪政体后，他逃往荷兰。1799年雾月政变后回国隐居。1818年当选议员，成为议会自由资产阶级反对派领袖。1824—1825年访问美国，回国后，被誉为"两个世界的英雄"。1830年七月革命中任国民自卫军总司令，帮助推翻查理十世。1834年在巴黎去世。——译者注

的确确是大众政府的开端。

在制宪议会的统治期间，保王派中有数量众多的法国人和议会成员，因此如果国王接受一种开明君主制，那他还是能够长时间掌握政权的。然而，路易十六好像不愿意向议会做出让步，因而他对议会也没有做出多少承诺。

也许，路易十六认为即便作出些许的让步也都是不可能的，如果自己同意了对历代传承世袭的君主制进行变革，就是丢了列祖列宗的脸面。甚至即使路易十六有变革的想法，那么他的家族也绝不会允许他这么做。在当时，君主制所依赖的古代世袭等级，贵族和教士的权势几乎与国王本人有同等的地位。表面上看，路易十六好像每次都屈服于议会的命令，但实际上那都是他迫不得已的策略，并且他是企图赢得时间、东山再起的。在发现天然防卫不起任何作用之后，路易十六孤注一掷，只好求助于外国的势力了。

奥地利，几个世纪以来一直是法国强有力的竞争对手，但对于国王，特别是王后来说，他们对奥地利可能给予的援助却抱有不切实际的幻想。面对国王的求助，即使奥地利不温不火地表示同意出手相助，但这种承诺的背后就是意图得到巨大的回报。

俱乐部的民众领袖们发现议会中保王派仍然有着很大的势力，于是，他们再次发动群众来反对它。在群众的支持下，他们发起了一场请愿活动，强烈要求议会召集一个新的选举机构，并以此来审判路易十六。

无论如何，制宪议会还是忠于国王的，面对越来越强烈的革命煽动性，制宪议会感到不妥，于是决定反击民众的这种行动。国民自卫队在拉法夷特的指挥下，一个营的军队开进马尔斯广场，使用暴力驱散了聚集在那里的群众，结果造成了50人的死亡。

虽然议会势单力薄，但它并没有坚持微弱的抵抗。由于它对民众有着很强烈的畏惧之心，所以对国王的态度变得越来越傲慢，不断剥夺国王的特权和权力。现在国王处境十分窘迫，他竟然可怜得像一个小小的公务员，必须依据别人的意志行事。

议会很期待自己可以行使从国王那里抢夺来的权力，但是由于自身能力的不足，难以完成这样的使命。所以，权力的分散导致议会的虚弱也是必然的，米拉波①说："最可怕的莫过于由600个人来行使主权了。"

议会曾经宣称能够集中国家的一切权力，并像路易十六那样行使这些权力。但是，时间不长，议会就变得举步维艰了。

随着日渐削弱的议会威信，无政府的混乱却在悄悄蔓延着。民众领袖不断地煽动民众，受到蛊惑的暴民引起了大面积的骚乱和起义，并终于获得了国家唯一的权力。代表们嚣张而专横，议会每天都要受到代表的强烈冲击，代表们时而提出要求，时而发出威胁，对此，议会毫无招架之力。

出于对群众运动的恐惧，束手无策的议会只能低眉顺耳。而实际上，所谓的群众运动并不是群众自发进行的，而是由一小撮人煽动的，群众运动仅仅标志着一股新势力正在逐步登上法国的政治舞台，这股新势力即为与议会并行存在的俱乐部和巴黎公社。

---

① 米拉波（1754—1792），法国政治家。他放纵奢侈，早年多次被监禁。1789年他以第三等级代表的身份入选三级会议，并于法国大革命初期在其中成为核心人物。1789年10月5日和6日之后，在拉马克的要求下，他向宫廷献策，要求路易十六逃往外省首府，并着手君主立宪制，但他的建议被王后玛丽·安托瓦内特拒绝。1790年3月，他接受了国王的大笔秘密酬金，此后与宫廷频繁通信直到去世。1791年2月他被选为国民议会的主席，4月2日病死，葬入先贤祠。1792年他与宫廷的通信被发现后，他的遗体又迁出了先贤祠。——译者注

雅各宾俱乐部在这些俱乐部中最有势力，在当时的社会背景下，它迅速地在法国建立了超过500个直接听命于总部的支部。雅各宾俱乐部在整个大革命期间一直占据着优势。因为议会听从雅各宾俱乐部的指挥，因而实际上他们也是法国的主人。雅各宾俱乐部唯一的对手就是巴黎公社，但巴黎公社的权力范围仅限于巴黎。

在遭受失败的情势下，制宪议会变得非常虚弱，而且这次失败更使它声名狼藉，制宪议会开始意识到这一点，并感到自己的势力正在逐渐消失，因此，制宪议会决定加快速度制定出新的宪法以便能够自行解散。制宪议会的最后一项措施规定制宪议会的成员不得被选进立法议会[①]，这项规定真是太幼稚了。这就是说，立法议会的议员将会失去他们前辈的经验。

1791年9月3日，制宪议会制定并完成了宪法，并于13日得到了国王的批准，这之前，出于某种需要，议会已经恢复了国王的权力。

制宪议会创建了一个代议制政府，国王行使行政权，并享有对议会法令的否决权，而立法权由民众选举的代表行使。新的部门分工取代了旧的行省制，并废除了关税，至今仍在实行的直接税和间接税取代了关税。

制宪议会推翻了旧的社会组织，结束了领土的四分五裂，于是它自以为是地认为自己拥有足以改造这个国家宗教组织的力量，制宪议会特别提到，神职人员应该由民众选举产生，并且不受到教皇的任何影响。

---

① 立法议会，成立于1791年10月1日，基于罗伯斯庇尔的提议，国民制宪议会的任何议员都不能进入这一新的立法机关，1792年4月20日，立法议会对奥地利宣战。同年9月20日，普选产生的国民公会召开第一次议会，取代了立法议会。——译者注

宗教斗争和宗教迫害一直持续到执政府统治时期，对教士的民事规定是造成这一切的起因，有三分之二的牧师对新宪法表示不能接受，他们甚至拒绝对新宪法宣誓效忠。

大革命在以制宪议会为象征的三年时间内取得的成果是极为可观的。大革命的首要成果就是财富正逐渐从特权等级向第三等级转移。正是基于这一点，引起了大革命的热情追随者为新制度辩护的兴趣，一场革命如果得到了既得利益者们的支持和拥护，那么，毫无疑问，它必然会产生异常强大的力量。无论是第三等级，还是购买了国有土地的农民，他们心里都非常清楚，一旦旧制度复辟必然会使自己的利益受到损害。因此，从本质上讲，这些人对大革命积极辩护的目的仅仅是为他们自己的财富辩护，其自私之心可见一斑。

这就是我们会看到这种状况的原因，在大革命的某些阶段会有大约一半的地区揭竿而起，全力反抗压迫他们的专制制度。共和党人拥有无比强大的力量，并能够战胜一切反对派，取得这样的成绩是因为他们在捍卫一种新的理想，同时也在捍卫新的物质利益。我们将会看到这两个因素的影响贯穿大革命的始终，并且极大地促成了帝国的建立。

第二章
立法议会的心理

一、立法议会期间的政治事件

在对立法议会（The legislative session）的心理特征进行考察之前，我们有必要先回顾一下曾在立法会议期间发生的政治事件。因为在立法议会的心理表现当中，这些政治事件自然而然地起到了非常重要的作用。

立法议会其实并不想完全推翻君主制，如果由他们来做决定的话，他们更乐意保留国王的权力，尽管国王的公信力很不足。路易十六对于法国的局势十分忧虑，他不断地向外国提出求助的请求，但是这位懦弱的国王能做的事情实在不多，他被软禁在杜伊勒里宫，他身边只有负责守护的瑞士侍卫，他孤立无援。路易十六只好大肆收买杂志，希望能压制反对的声浪，扭转舆论。可是杂志编辑们对群众的心里根本没有丝毫的了解，他们根本无法说服大革命的参与者，只能用绞刑架来恫吓群众，并对外宣称一支解救国王的军队即将入侵法兰西，仅此而已。

王室纷纷出逃，他们把一切希望都寄托在外国宫廷身上，贵族们想方设法地移居国外。普鲁士、奥地利和俄罗斯纷纷向法国发出了战争的威胁，路易十六在暗地里也支持这三国的行动。面对三国国王的联合反法的局面，雅各宾俱乐部毫无畏惧，他们打算反击各国的联盟。于是，吉伦特党人连同雅各宾党人就顺理成章地成为革命运动的领袖，他们动员群众武装自己以抵抗外国入侵，于是600万志愿者严阵以待。宫廷接受了一位吉伦特派大臣的加入，在这位大臣的操纵下，路易十六被迫向议会提出与奥地利作战的建议，这一建议很快得到议会的同意。

在对外宣战的决议并非国王自愿做出的，王后则偷偷地向奥地利透露了法国的作战计划及委员会的秘密决议。

战争刚开始时，法国的损失非常惨重，有几个纵队遭到敌方的突袭，军队一溃千里。此时，俱乐部在群众中不断煽动与说服，于是，巴黎近郊的人们都确信国王与外敌里应外合，起义就在雅各宾党人的领导下爆发了！丹东在6月20日向杜伊勒里宫递交了请愿书，在请愿书中，丹东提出了废黜国王的要求，随后，丹东领导一群人冲进杜伊勒里宫，对国王进行百般辱骂。就这样，路易十六一步步地走向自己悲惨的结局，雅各宾党人对国王的威胁很快传到地方，并引起许多地方人们义愤填膺，与此同时，人们获悉一支普鲁士军队已经到达洛林前线。

国王和王后对外国支援抱有不切实际的幻想，王后玛丽·安托瓦内特对奥地利与法国人的心理持有一种非常严重的错觉。在亲眼目睹法国人被一些狂热者所震慑之后，玛丽·安托瓦内特就同样认为可以非常容易地恫吓巴黎人，通过威胁恫吓重新树立国王权威，并使得民众对国王的权威产生敬畏。于是在玛丽·安托瓦内特的授意下，费逊公布了不伦瑞克公爵的宣言，该宣言威胁道："假如王室受到任何侵扰，巴黎将会遭受到极大的威胁。"

然而，不伦瑞克的这项声明非但没能实现其目的，反而造成了与其预期截然相反的结局，这项声明极大地引发民众对国王的强烈愤慨，国王被视为外国入侵者的勾结者，更加名声扫地，民众们强烈不满，路易十六注定要被拉上绞刑架。

在丹东的暗中操纵之下，一些地区的代表在巴黎市政府建立起一个起义者社团，该社团的成员逮捕了效忠于国王的国民自卫军司令，并敲响了警钟，装备国民自卫队，并且同平民一道冲进了杜伊勒里宫。路易十六招来的卫队如鸟兽散，很快他就变成了孤家寡人。国王身边仅有的瑞士侍卫和几个绅士基本上无一幸免，他孑然一身在议会中避难。群众强烈要求对国王进行审判，于是，立法议会宣布剥夺国王的权力，并等待未来的议会，也就是国民公会来对国王的命运做出裁决。

二、立法议会的精神特征

从心理学的角度来看，立法议会是一种特殊的构成，能像它这样深刻地反映政治集体特征的议会屈指可数。立法议会由750名代表所组成，这些人大多是政治新人，他们中的大部分是律师和文人，此外还包括一小部分高级官员、牧师和几位科学家。如果按派别划分，我们可以将之分为顽固立宪保王派、共和派、吉伦特派、保王派和山岳派。

在当时，立法议会成员的哲学思想还不够成熟，其中许多人幻想如卢梭那样回归自然状态中。但和他们前任议会相同，每个人都对回忆希腊和罗马遗风轶事非常热衷，他们开口闭口离不开加图、布鲁图斯、格拉古、普鲁塔克、马可·奥勒留和柏拉图的名字；甚至当演说者想凌辱路易十六时，就直接将其称为卡尼古拉①。立法议会的议员们在希望破坏传统方面非常具有革命性，但在主张回到遥远的过去时，又显得异常的反动。

立法议会的心理特征也就是制宪议会的特征，只是相对于

① 罗马帝国第三任皇帝，后世史学家常称其为"卡利古拉"。卡利古拉是他自童年起的外号，意为"小军靴"，卡利古拉被认为是罗马帝国早期的典型暴君。——译者注

制宪议会来说立法议会更加突出，立法议会的心理特征可以描述为：动摇、敏感、虚弱和胆怯。

动摇与敏感的心理特征使立法议会的行为总是出现反复：早上他们还在相互攻击争吵，晚上我们就能看到他们如兄弟般拥抱彼此；面对一场要求对那些请愿废黜国王的人进行惩罚的演说，他们为其热烈鼓掌，但是其实就在前一天，他们刚刚给一个要求国王下台的代表团授予议会的荣誉。

在面对威胁时，立法议会的胆小与懦弱表现得非常明显，尽管他们的所作所为带有保王色彩，但他们仍然投票同意废除国王的权力，并接受巴黎公社的要求，将国王及其家室软禁在丹普尔堡。

与制宪议会一样，立法议会由于其自身的软弱性，它不具备行使任何权力的能力，只得像木偶一样听从民众社团和俱乐部的支配，这些社团和俱乐部的领袖人物有很多，其中包括塔里安、罗西涅尔、马拉、埃贝尔、罗伯斯庇尔等人。

直到1794年热月为止，国家主要权力的中心一直是由起义者社团构成的，起义者社团的举动与曾经指控过的巴黎市政府有着惊人的相似。

当立法议会准备将路易十六囚禁到卢森堡宫时，正是起义者社团提出将路易十六关押到丹普尔堡塔楼的要求；也正是起义者社团将大批嫌疑犯投入监狱，随后下令将其处死。

据我们所了解的最骇人听闻的一件事就是，一伙大约由150名匪徒组成的团伙，每天领着24里弗的津贴，在几个社团成员的指挥下，仅仅在4天之内就让1200人人间蒸发了，这就是臭名昭著的九月屠杀。巴黎市长佩蒂昂毕恭毕敬地迎接了这伙凶徒，并且热情地款待他们。对此，几个吉伦特党人提出了抗议，而雅各宾党人对此则缄口不言。

　　一开始，已经被吓破了胆的立法议会对大屠杀置若罔闻、三缄其口，甚至议会中几个较为有影响的代表，尤其是库隆和比约·瓦伦还纵容九月屠杀；当立法议会最后决定谴责他们时，却依然对他们的施暴行为没有采取丝毫的措施。立法议会已经意识到自己力量不足，在两星期后它自行解散，让位于国民公会。

　　尽管立法议会的初衷是好的，但它这么做无疑是灾难性的，最终将会造成出人意料的结果。作为人道主义者，立法议会纵容了九月屠杀；作为和平主义者，立法议会将法国推入了一场可怕的战争当中；作为保王党人，立法议会抛弃了君主制。立法议会的所作所为都表明，一个国家注定要毁在一个软弱的政府手里。

　　早期两个革命议会存续期间发生了许许多多的事件，这一段历史再次向我们证明这些事件之间存在着某种必然的因果关系。这些因果关系构成了一连串的必然性的连锁反应，当我们选择其中的第一环，通常无法控制后面的环节。也就是说，当我们自由地做出一个决定时，通常无法预料它的结局。

　　制宪议会最初制定的措施是自发的、理性的，但随着事情不断发展，其后果却远远超出了任何人的预见、意志和理性。

　　路易十六之死、大恐怖当道、旺代战争、旷日持久的断头台、无政府主义状态，以及继而发生的一个军人铁腕统治之下传统与秩序的恢复，如果能够回到1789年，我想没有任何一个人能预测到这种局面的发生。

　　大众政府、暴民统治的兴起与发展在革命议会早期行为之后的事态发展过程中是最引人注目的。

　　巴士底狱被攻占、凡尔赛被进犯、九月屠杀、杜伊勒里宫被袭击、瑞士侍卫被残杀及国王的垮台与入狱，我们从这些之前已经考察过的事实的背后，能够很容易看清影响群众及其领袖心理的规律。

目前，就让我们来深入了解一下群众的力量是怎样一步步逐渐加强，又是怎样战胜其他的所有力量，并最终取代它们的。

第三章
国民公会的心理

一、国民公会的传奇

国民公会（The ConvenUon）的历史是非常值得研究的，它不仅为心理学提供了大量的研究素材，而且也让我们知道无论是哪个时代的见证者，哪怕是紧随其后的继承者，对他们所经历的事件和他们周边的人都几乎没有办法形成准确的认识。

大革命自爆发以来已经过去了一个世纪，人们刚刚开始尝试对这一时期的人和事做出判断，虽然在这些判断当中仍然存在许多的疑惑和分歧，但已经比上一代人的判断要略显正确一些。

之所以能够判断得更加准确，是因为新的文献材料不断地呈现在人们面前，供人们加以研究，除此之外，更重要的是随着时间的推移，暴政时期存在的种种神话般的传说已经逐渐返璞归真，人们终于可以认清它的本质。

大革命时期流传的所有神话传说当中，关于"国民公会之伟人"这样显赫称号的大人物的传奇应该是传播最为广泛的。这一点很容易理解，国民公会统治时期，对内要镇压国内的王党叛乱，对外要抵抗欧洲君主的侵略。国民公会的所作所为令人产生了这样一个印象，即超人或是像希腊提坦那样的巨人式的人物似乎才是这场艰苦卓绝的斗争中的英雄。

如果我们对这一时期的事件仍然没有完整而清晰的概念，从表面上看，"伟人"称号是正当的。仅仅是因为在国民公会统治期间，同时发生了镇压国内的王党叛乱和抵抗欧洲君主的入侵，军队的成就被盲目地认为是国民公会的成就。军队成就的光芒掩盖了国民公会统治的阴霾，而且沦为恐怖时期大屠杀、国内战争的暴行及法兰西毁灭的辩护借口。

在敏锐而细致的现代批判洞察之下，每个扑朔迷离的异质性事件开始逐渐拨云见日，呈现在人们面前。共和国的军队依旧保持着其自身一直以来的威望，但我们必须承认这一点，即国民公会成员的全部精力都消耗在了内部的派系斗争上，对军队的胜利几乎没有起到什么作用，最多也不过两三个公会的委员会成员对军队比较关注；同时，我们也必须要承认，军队之所以能取得胜利，其原因除了军队在人数上占有优势和年轻将领具有卓越的才能之外，还源自一种新的信仰所激发出来的无限热忱。

在后面章节中有关革命军队的专门论述，在那章我们将看到军队是怎样在欧洲战场上一展所长、大显神通的。自由、平等的思想是军队取得节节胜利的动力所在，在这些思想的带动下，军人们奔赴前线，并在前线滞留了很长的时间，但军队却能始终保持着一种与政府截然不同的高昂的精神状态。对政府的精神状态，最初军队是没有任何了解的，但是到后来却发生了变化，变得极为鄙视。

实际上，国民公会成员与军队获胜之间没有丝毫联系，这些成员的行动仅仅限于依照领袖的指令，匆忙之间制定法律，而这些领袖们则一直声称法兰西能够通过断头台来重获新生。

然而，恰恰是凭借这些英勇无畏的军人，将国民公会的历史塑造成一部神话，并使得几代人都对国民公会产生宗教般的崇拜和敬畏之情，以至于直到今天都还余音不绝。

在今天，如果我们深入细致地剖开国民公会那些"伟人"们的心理，那么就会发现他们的声誉毫无价值可言。通常来说，那些所谓的"伟人"没有任何可以值得夸耀的地方，即便是曾经热衷于为他们进行辩护的奥拉尔也不否认这一点。

奥拉尔在他的《法国大革命史》中对此进行了如下评述：

人们都认为从1789年到1799年的那一代人是天才的一代人或是空前绝后的一代人，因为他们完成了伟大而令人震惊的事业。然而实际上，这完全是人们的一种错觉，无论是在所接受的教育程度上，还是才智上，成立市政公社的市民及雅各宾俱乐部等全国性团体的成员和对大革命产生巨大影响的那些人似乎并不比路易十五时代或路易·菲利普时代的法国人更优秀。才华横溢的那些人士直到今天仍然被人传颂，那是因为这些人出现在巴黎的舞台的缘故呢？还是因为这些人是各种革命议会中最雄辩的演说家呢？在某种程度上来说，米拉波可以称得上是一位天才，至于诸如丹东、罗伯斯庇尔、维尼奥等其他人是不是比我们今天的演说家更才华出众呢？1793年被称为巨人的年代，罗兰夫人[①]在她的回忆录中这样写道："法兰西的精英仿佛都已经消耗尽了：在这场革命中，他们的消逝的确让人感到惊讶；除了侏儒之外几乎看不到什么优秀的人物。"

我们对国民公会的单个成员进行分析之后，再将他们作为一个整体来考察，可以说不管从才智、品德方面，还是从勇气上来说，国民公会都显得如此平庸。任何一个群体都不会表现得这样怯懦，他们只有在演讲中，或是危险尚未降临之前拥有一些勇

---

① 罗兰夫人（1754—1793），法国大革命时期著名的政治家，吉伦特党领导人之一。她的丈夫罗兰也是吉伦特党的领导人之一。——译者注

气，除此之外，毫无勇气可言。在谈到国王时，国民公会是桀骜不驯、盛气凌人、目空一切的，但本质上，他们是有史以来最懦弱、最顺从的政治集体了。国民公会懦弱、顺从的一面非常明显地展现在我们面前：对于俱乐部和社团的指令从不违背、百依百顺，面对天天冲击公会的民众代表胆战心惊；面对暴动者提出的要求，非常驯服甚至可以向他们交出自己最优秀的成员。国民公会的所作所为将一幅可悲的场景展现在世人面前：在民众的指令下，国民公会投票通过的法令真是荒谬至极，以至于到一等他们离开大厅就必须废止的程度。

恐怕没有哪个议会能像国民公会一样表现得如此懦弱，我们只需要看看国民公会，就能明白一个大众政府可能堕落到什么程度。

二、雅各宾宗教胜利的影响

建立一种坚定的革命宗教无疑是国民公会的重要工作。于是，人权、自由、平等、自然、社会契约、对暴君的憎恨及民众主权等复杂调的要素结合在一起，糅合成了革命教义，现在看来，这些革命教义中有很多并不协调的因素，但这教义在它信徒们的眼里，却是如同福音书。一些信徒被新的真理俘获了：他们手握某种权力，并最终和世界上的一切信徒相同，试图以武力的方式强制推行自己信奉的真理；他们对异教徒的观点和意见置若罔闻，并认为异教徒被消灭是其咎由自取、罪有应得。正如我们在宗教改革时期看到的一样，一切虔诚的宗教都会对异教徒心生仇恨，并试图将其消灭，因此我们就很容易理解雅各宾宗教的种种不宽容行为了。

因此国民公会也并非铁板一块，雅各宾党人总是猛烈地攻共和党人，尽管两者的信仰几乎完全相同。对此，我们无须感到惊讶，因为我们从宗教改革的历史中可以看出，相同信仰的两个分支之间总是存在着非常尖锐的矛盾。

一般来说，新的信徒对布道总是满怀热忱。为了使外省的民众向新教皈依，在武力的拥簇下，他们往那里派遣了很多虔诚的信徒。拥有新信仰的检察官对谬误态度坚决、一点都不含糊，正如罗伯斯庇尔所说的："对所有反对它的事物，共和国都绝不容忍"。假如一个国家拒绝获得新生又会怎样呢？不管它是否愿意，它都必须再生。卡里埃曾说："如果我们不能依据自己的意志去改造法兰西，那么我们就要将它毁灭。"

雅各宾主义的政策非常简单，是由新的信仰所产生的。其内容就是在一种不容忍存在任何反对意见的专政的指导下，实现一种平均主义的社会主义。统治法国的理论家们对经济规律及人的真实本性一类的充满了关于自然、民众、暴君、自由、理性等抽象的东西，就像许多充满气体的大气球一样，一旦升到高空就会顷刻间破裂。

从本质上说，雅各宾党人所持的就是一种绝对的专制理论，他们认为，拥有最高主权的国家必须得到绝对的服从，完全没有必要与地位和财产上基本平等的公民进行讨论。

他们给自己赋予了非常多的权力，这令他们之前的历代、行使特权的君主们都望尘莫及。他们完全掌控了商品的价格，并鼓吹自己有这样一种权力，即对公民的生命和财产可以任意处置。

对于革命信仰的再生功效，他们怀着坚信不疑的信念，以至于他们在对君主们宣战之后继而对上帝宣战。他们运用全新的历法，并抹去历代圣人的名字。他们建立了一个全新的上帝——理性之神，并在巴黎圣母院的"圣处女"祭坛上举行盛大的崇拜庆典活动，在很多方面，其仪式都与基督教不相上下。这一祭祀一直持续着，直到罗伯斯庇尔用一种私人宗教将其取代为止，罗伯斯庇尔将自己任命为这一宗教的大主教。

雅各宾党人及其信徒作为法国唯一的主人拥有绝对权力，他们可以随心所欲地在全国范围内抢劫，尽管他们在任何地方都不是多数派。

对于雅各宾党人及其信徒的数量，我们无法得知他们准确的数字，只是知道他们的人数并不多。根据泰纳的估计，在整个法国范围内，约有30万雅各宾党徒；在巴黎70万居民中约有5000名雅各宾党徒；而在贝桑松的30万居民中约有300名雅各宾党徒。可谓"一种小型的强盗封建制度统治着一个臣服的法国"，用泰纳的话来讲，尽管雅各宾党徒的人数不多，但却足以控制整个法国，究其原因不外如下：第一，他们的信仰赋予了他们一种极为强大的力量；第二，他们充当政府代表的角色，而几个世纪以来，法国人对于这些发号施令的人一直都是驯良地臣服；第三，人们愚昧地这样认为，如果将他们推翻将直接导致旧制度的复辟，这是许多人都不愿意看到的结果，同时，许多国有土地的购买者对此更是感到恐惧。因此，只有他们的暴政到了穷凶极恶的地步，民众忍无可忍的情况下，才会出现如此之多的地方起来反抗他们。

在他们所拥有的权力当中的第一个要素极为关键，即在强势信仰与弱势信仰的冲突和对抗当中，一般情况下胜利总是倾向于强势信仰。因为由一种强势信仰所衍生的强大意志压倒由弱势信仰衍生的微弱意志，是很自然的事情。雅各宾党人最终的垮台就是咎由自取，因为他们的暴力激起了不计其数的微弱意志聚合在一起进行反抗，这些微弱意志如果凝聚起来，其力量也是异常巨大的，进而就会超过雅各宾党人的坚强意志。

遭受雅各宾党人残酷迫害的吉伦特党人实际上也有着极为坚定的信仰，然而在后来的斗争当中，他们被所受的教育所束缚，它要求吉伦特党人克制自己坚定的信仰，并学会尊重某些传统和他人的权利。而吉伦特党人的这些犹豫在他们的对手雅各宾党人看来，根本不是问题。

"吉伦特党人的情感"，埃米尔·奥利维尔写道："多半是宽容而细腻的；而雅各宾暴徒的情感则是低劣的、卑鄙的、残忍的。'超人'马拉的声誉与维尼奥几乎不可相提并论。"

一开始，吉伦特党人凭借着卓越的才能和雄辩的口才在国民公会中占据了优势地位，但很快他们就在山岳党人面前败下阵来。那伙不值一提的狂热分子，非常善于活动，并深知该怎样煽动平民大众，以引发他们的激情。在给人的印象方面，国民公会是暴力的，而不是理智的。

三、国民公会的精神特征

从一般角度来说，一般议会除了具有普遍的特征之外，每一种议会还会因受环境与时事的影响，从而形成一些比较鲜明而个性的特征，这些特征构成了任何一个具体议会的独特精神面貌。可以说，制宪议会和立法议会展现给人们的大部分引人注目的特征，以一种集合的形式集中在一起，并再次体现在国民公会身上。

　　大约750名代表组成了国民公会，这些成员当中有超过三分之一的人曾供职于制宪议会或立法议会。为了保证自己的党派能在选举中胜出，雅各宾党人对国民公会的选民进行恐吓，直接导致了700万的选民中的600万选民选择了弃权。

　　从职业上看，国民公会成员涵盖的范围不大，其中包括许多律师、公证人、法官、法警、退职官员及几个文人。由于国民公会成员的精神状态并不是同质的而是各具特色，这样一个由特征各异的个人所组成的议会在很短的时间内就四分五裂为几个小群体。于是，在国民公会的早期就形成了三个派别，即吉伦特派、山岳派和平原派①。原来存在的立宪君主派已经退出政治舞台。

　　在议会中，吉伦特派与山岳派是典型的两个极端代表，他们各自拥有大约100名成员，因而，顺理成章地成为领袖人物。库通、埃贝尔、艾罗·德·塞舍尔、丹东、卡米尔·德穆兰、马拉、科洛·德布瓦、比约·瓦伦、巴拉斯、圣茹斯特、弗樱、塔里安、卡里埃、罗伯斯庇尔等人都是最激进的成员，都属于山岳派；而布里索、佩蒂昂、孔多塞、维尼奥等人则属于吉伦特派。另外的国民公会中的500名议员，他们中间的绝大多数人自然而然地形成了所谓的平原派。

　　在国民公会中，平原派是一个随波逐流的政治群体：他们没有自己的政治主见，胆小懦弱，犹豫不决；他们随时凭借自己的冲动行事，并且总是因为一时的激情而失去控制；他们对吉伦特派与山岳派中较为有力的一派百依百顺、言听计从。他们见风使舵，在吉伦特派执政时期支持吉伦特派，当山岳派战胜了吉伦特

----

① 平原派，又称沼泽派。国民公会中的中间派，由于其在国民公会中的座位在会场的最低处，因而得名。该派在议会中人数最多，其特点是拥护革命，赞成共和，提倡经济自由，但政治上不坚定，没有形成稳定的领导核心。——译者注

派之后，他们又听命于山岳派的领导。我们前面已经提到的规律的自然结果，在这里得到了最直接的证明，依据这一规律，弱者服从较强意志的支配就是在所难免的了。

在国民公会统治时期，那些伟大的操纵者对人们产生的影响表现得最为突出。通常是暴戾而狭隘的少数人制约着国民公会，因为这些人强烈的信念赋予他们自己无比强大的力量。

事实证明，胆小懦弱、优柔寡断、见风使舵的多数人总要受残忍而大胆的少数人的支配，这些事实有助于我们理解在所有革命议会中所观察到的一个永恒趋势，那就是它们不可避免地要走向极端。可以说，国民公会的历史再一次验证了我们在另一章中所研究的加速度规律（the law of acceleration）。

所以，国民公会的议员们从温和一步一步地走向暴虐，最终走向自相残杀，这或许是一场宿命。在一开始领导国民公会的180名吉伦特党人当中，就有140人被处死或被流放；最后，最狂热的恐怖分子罗伯斯庇尔出现在人们的视野当中，他仅以一己之力，成功地控制了这群胆小如鼠的如奴仆般温顺的代表们。

当然，在平原派这500名代表中大多数人尽管没有自己的政治主见，喜欢随波逐流，但其中不乏才智卓越和富有经验之士，实际上，在国民公会中承担实际工作的技术性委员会都需要从平原派中征募委员。但平原派的成员多多少少都对政治表现出满不在乎的状态，他们一板一眼，不抢风头，更不希望有人对自己表示出特别的关注。这些人封闭自我，甚至在委员会中也很少在议会中抛头露面，正是由于这样的原因，国民公会召开会议时往往只有不到三分之一的代表出席会议。

然而遗憾的是，我们常常看到这样的局面，这些能干而诚实的议员在性格上优柔寡断、异常软弱，恐惧的心理时刻支配他们的行为，面对暴虐的主人在会议上提出的那些无比糟糕的措施，他们通常都是投赞成票。

软弱的平原派议员们对强制他们接受的一切措施，如建立革命法庭、推行恐怖政策等，毫无意外地都投了赞成票，也正是在他们的协助下，在政治斗争中，山岳派最终战胜了吉伦特派，而罗伯斯庇尔顺利地清除了埃贝尔派和丹东派。和普天下所有屠弱无力的人一样，平原派总是伴在强者左右。虽然平原派的这些文质彬彬的慈善家们构成了国民公会的主要部分，但因为他们的胆怯、软弱，反而促成了国民公会令人震惊的暴行。

可怕的恐惧是盛行于国民公会中的一个心理现象，这点值得我们关注。正是由于这种异常特殊的恐惧心理，使得人们彼此怀疑、诚惶诚恐：为了保住自己的性命，最妥当的做法就是先砍掉他人的头颅。

对于这样一种恐惧心理，我们当然很容易解释：议会上，民众领袖不断地叫嚣与喧哗，时刻都会出现手持长矛、傲慢粗鲁的家伙破门而入，不幸的议员在这样的环境中参加议会，加剧了他们心中的恐惧，因此大多数议员不敢再出席会议。即使偶尔也会参加会议，他们也都是在山岳派的威胁下顺从地进行投票，虽然这些人只占议员总人数的三分之一。

但实际上，山岳党人自身也满怀着深深的恐惧，只是他们很少将这种恐惧表现出来而已。山岳党人不断铲除异己，不仅仅是因为狭隘而狂热的党派之争，在多数情况下，还在于他们确信自己的生存已经受到了巨大的威胁，这使得他们内心感到无比恐惧。革命法庭的法官们同样也在瑟瑟发抖，其实他们并不想宣判丹东、卡米尔·德穆兰的遗孀及许多其他人有罪，但当时的他们已经是骑虎难下、迫不得已了。

　　然而，在国民公会头顶高悬着的达摩克利斯之剑，还是罗伯斯庇尔成为唯一主宰者产生的阴影。罗伯斯庇尔的一个眼神使他的同僚们脸色苍白、诚惶诚恐，在他的同僚们的脸上只会看到"惊惧的苍白和绝望的呆滞"这种表情。

　　每一个人都对罗伯斯庇尔充满了恐惧，与此同时罗伯斯庇尔也惧怕所有的人。正是因为罗伯斯庇尔害怕人们会反对自己的阴谋，因此他砍掉了人们的脑袋；也正是因为恐惧心理的存在，其他人对罗伯斯庇尔的暴行只好默默忍受。

　　从国民公会议员的回忆录上，我们能够非常明显地看到他们对这段黑暗时期所保留的记忆。泰纳说，经过20年之久的沉默，巴雷尔对救国委员会的真正目的和隐秘想法进行了如下回答：

　　"当时，我们的内心只有一个感觉，那就是自我保护；只有一个愿望，那就是保全自己的生命；在当时的环境中，我们的生命随时随地都在受到威胁、都有可能消失。所以，当你砍掉他人的头颅之后，就不必担心他会把你拉上断头台了。"

　　作为一个典型的事例，国民公会的历史明确地告诉我们，领袖施加给议会的影响是处处存在的。

第四章
国民公会时期的法国政府

一、俱乐部与巴黎公社在国民公会时期的活动

国民公会由始至终一直被俱乐部和巴黎公社的领袖们所控制着。俱乐部和巴黎公社对前两届议会的影响，我们已经能够很清楚地看到，而在国民公会统治期间，俱乐部和巴黎公社的势力更是达到了前所未有的庞大。从一定程度上来说，国民公会的历史实质上就是俱乐部和巴黎公社支配国民公会的历史，它们不但操纵议会，甚至控制了整个法国。除了巴黎，众多外省的小型俱乐部在巴黎俱乐部的指示下对地方官员进行监督，并惩治嫌疑犯，执行所有的革命命令。

一旦俱乐部和巴黎公社决定实行某些举措时，就会向议会施加压力，于是，议会就被迫当场投票通过俱乐部和巴黎公社决定采取的措施。对于俱乐部和巴黎公社的提议，如果议会稍有不从、略有抵制，它们就会派出武装代表与议会相抗衡，而这些所谓的武装代表，实质上就是由平民中那些渣滓充当的武装团伙。因此，俱乐部和巴黎公社传达的指令总能使议员们无条件地服从。巴黎公社对自己的势力有着强烈的自信，只要他们不喜欢哪个议员，他们就直接要求国民公会将其扫地出门。

构成国民公会的成员通常都是受过教育的知识分子，而构成巴黎公社的成员则多数为小店主、佣工及手艺人，这些成员没有主见，也没有自己的见解，几乎是在他们的领袖丹东、卡米尔·德穆兰、罗伯斯庇尔等人的支配下行事。巴黎公社的成员在他们领袖的操纵下总是在俱乐部和起义者公社这两股势力中游离不定，在巴黎起义者公社所行使的权力更大，因为它拥有一支属于自己的革命军队。国民自卫队虽然只接受了48个委员的命令，但这些委员却要求他们杀人、洗劫，并且抢劫是排在第一位的。

巴黎公社在巴黎实施的暴政是非常恐怖的。例如，一个名叫夏拉朗东的皮匠接受了巴黎公社的任命，他的工作内容就是对首都的部分地区实施监控，这一职责就意味着每个人都可以被视为嫌疑人进而被送上革命法庭，并由此断送自己的性命。基于这样的权力，巴黎某些街区的人口几乎被他全部杀光了。

在巴黎公社实施暴政之初，国民公会曾经试图与巴黎公社进行微弱的斗争，但仍然于事无补。双方冲突的高潮是一个事件，即国民公会想逮捕巴黎公社的朋友埃贝尔，巴黎公社当然要予以营救和保护，于是巴黎公社立即派出武装代表对议会进行威胁，并要求议会将提出该项提议的吉伦特党人驱逐出议会。然而，国民公会拒绝了巴黎公社的提议，于是，巴黎公社于1793年6月2日依据昂里约的命令，向议会派出革命武装，将议会团团围住。面对革命武装，议会十分惊恐，于是在恐惧之下，议会不得不将27名议员驱逐出议会。具有讽刺意味的是，在议会作出驱逐决定之后，巴黎公社随即派了一个代表团，对议会的屈服表示祝贺。

国民公会在吉伦特党人垮台之后就已经完全沦为了巴黎公社的传声筒。为了配合革命法庭和断头台，巴黎公社下令招募一支革命军队；为了惩治嫌疑犯，巴黎公社的这道法令在全国范围内得到了贯彻。

直到罗伯斯庇尔垮台以后，国民公会才力图从雅各宾党人和巴黎公社的束缚当中挣脱出来：国民公会关闭了雅各宾俱乐部，并处死其首要分子；但此时的国民公会实际上也是自身难保，即将不复存在。

虽然国民公会采取了对付雅各宾党人和巴黎公社的措施，但是民众领袖们仍然没有停止对平民的煽动，以此对国民公会发起攻击。在共和三年芽月①和牧月②，国民公会再次受到武装代表团的围攻，武装代表团甚至成功地胁迫国民公会通过一项旨在重建巴黎公社的法令，并召集新一届的议会，在起义者撤离之后，国民公会迫于压力立即废除了那项措施。由于对自己的恐惧和屈服感到耻辱，于是国民公会召集军队解除了巴黎近郊的武装力量，并将近1万人拘押起来，处死了发动起义的26名领导者，将与暴动有关的6名山岳派议员送上了断头台。

然而，国民公会的反抗犹如螳臂当车，并不能起到多大作用，即使摆脱了俱乐部和巴黎公社的控制，但随后它又被迫对救国委员会俯首帖耳，对救国委员会拟订的法令甚至不进行讨论就全票通过，这样一来，国民公会又变为救国委员会的传声筒。

"完全可以这样说"，威廉斯写道，"欧洲所有的君主和国王都被国民公会推翻了，但国民公会自己却沦为一小撮唯利是图者的奴隶。"

二、国民公会时期的政府：大恐怖

1792年国民公会宣布成立共和国政体，并颁布法令废除君主制。在当时这项法令并没有获得多少支持。很多议员对国民公会的行为存有疑虑，因为当时外省都属于保王派的，这些人心里

① 1795年4月。——译者注
② 1795年5月。——译者注

158

都很清楚。但国民公会坚信这样的宣言能够将法国改造成为一个文明的世界，制定并推行一种新的纪元方式和历法，这种纪元的第一年，标志着一个受理性统治的世界的黎明即将来临。对路易十六的审判拉开了国民公会的序幕，但这一行为也并非国民公会的意图，而是来自于巴黎公社的指令，尽管大部分国民公会的议员并不希望这么做。

吉伦特派是国民公会中相对温和的派别，实际上，吉伦特派一开始就占据了国民公会的主导地位。国民公会的主席和秘书都是从吉伦特派中选举出来的，在这一时期，罗伯斯庇尔在国民公会中还只有很小的影响力，在主席选举中他只获得了6票，而佩蒂昂[①]则获得了235张选票。在国民公会初期，山岳派只有非常微弱的影响力，之后他们的权力才开始逐渐增长。在山岳派手握大权时，温和派的议员在国民公会的地位已经荡然无存了。尽管山岳党人是少数派，但他们还是找到了一个逼迫议会将路易十六交付审判的办法。确定对国王进行审判是山岳派与吉伦特派斗争中获得的一大胜利，也是对所有国王的谴责，这一事件标志着新旧秩序之间的彻底决裂。山岳派圆滑地耍弄政治手腕来实现自己的目的：国民公会收到铺天盖地般来自外省的要求审判国王的请愿书，同时，巴黎的起义者公社派出一个代表团也向国民公会提出了审判国王的要求。依据大革命时期所有议会的一个共同特征，对此，国民公会屈服于威胁，做出完全违背自己愿望的事情。对于这些要求，国民公会的议员们不敢进行丝毫抵制，只得做出审判国王的决定。

从个人的角度来说，吉伦特党人并不希望处死国王，可是一

---

① 佩蒂昂，1792年9月21日国民公会开幕之日被选为主席。——译者注

且许多威胁汇集在一起，他们出于恐惧就投了赞成票。为了保全自己的性命，甚至连路易十六的堂兄奥尔良公爵都和吉伦特党人一起投了赞成票。1793年1月21日，路易十六被送上了断头台，如果他泉下有知，那么他能够看到，在这些软弱的吉伦特派议员当中，有很大一部分成员将追随自己，走向断头台。

即使从纯粹功利的角度来分析，处死国王也是大革命的一大败笔。因为处死路易十六直接造成了国内战争和欧洲的武装干涉；即使在国民公会内部，也引起了各种派系之间的攻伐，并最终造成了吉伦特党人的被清洗和山岳党人的获胜。

国民公会在山岳党人的影响下通过的措施到最后变得无比暴虐，以致有60个地区爆发了叛乱。如果不是因为保王党人参与叛乱，使人们对旧制度的复辟心怀恐惧，那么这场由被放逐的国民议员们所领导的起义可能就获得了成功。实际上，在土伦，起义者们就高呼路易十七的名字。自此之后，在很长一段时间内，国内战争持续不断。战争进行得异常残酷，甚至殃及老人、妇女、儿童；村庄、谷物都被洗劫一空。仅在旺代一地，就有大约50万人到100万人因战争而被杀。

紧随国内战争而来的就是对抗欧洲武装干涉的对外战争。在内忧外患的情势之下，雅各

> 不可调和的矛盾之中蕴含着解决办法，也可以认为它是由潜意识和意识各种因素混合而成。宛如一张纸币，虽然被撕成了两半，但仍然可以拼凑成完整的纸币。
>
> ★荣格

宾党人企图通过制定一部新的宪法来使这种矛盾得到缓解。因为所有的革命议会都保持这样一个传统，即相信法律的神奇力量。在法国，这个信念从来没有因为实践的失败而动摇过。一位伟大的仰慕大革命的朗博德先生这样写道："支撑着国民公会事业的是一个坚定的信仰，它深信一旦将大革命的原则制定为法律，那么它的敌人就将毫无办法，甚或改变想法；正义的降临将会使一切叛乱得到平息。"

在国民公会存续期间，先后曾经起草过两部宪法，1793年宪法或共和元年宪法和1795年宪法或共和三年宪法。但1793年宪法一直没有付诸实施，因为它没多久就被一种集权专政所取代；1795年宪法则是在督政府时期制定的。

在国民公会中，律师和行政官员出身的议员占大多数，他们马上意识到一个庞大的议会无法充分行使政府的职能。于是，不久之后，国民公会就被划分为若干个小的委员会，这些委员会彼此独立存在，如财政委员会、商业委员会、立法委员会、农业委员会及艺术委员会等。这些委员会向议会提交法案时，一般议会闭着眼睛就投票通过了。

幸亏有了这些独立的委员会，才使得国民公会的工作不至于遭到彻底破坏。他们提出了许多十分有效的议案，如建立一些重要的大学、确立度量衡公制等。正如我们看到的那样，议会的大多数成员都试图在这些委员会中寻求庇护，以躲避对围绕在他们周围使他们有性命之忧的政治冲突。

在国民公会中，救国委员会位于这些与政治没有多大关系的事务委员会之上。1793年4月，救国委员会成立，当时有9名成员。最初，救国委员会由丹东领导，同年7月改由罗伯斯庇尔领导，之后，罗伯斯庇尔逐步把持了政府的全部权力，甚至包括发号施令的权力。虽然委员会所通过的是比较明智、有效的法案，甚至构成了国民公会的不朽事业，但是全体议员在代表团的威胁下通过的那些法案则显得极为荒谬。

这些荒谬的法案与国民公会自身的利益或公众的利益不存在任何关系，其中包括1793年9月通过的最高限价法令，这部法令试图固定日用品的价格，但却造成了日用品的持续短缺；此外，还有毁坏圣丹尼的王家墓地、审判王后、大规模焚毁旺代、建立革命法庭等诸多荒谬的法案。

在国民公会时期，政府采取的主要就是恐怖政策，大恐怖始于1793年9月，持续了长达6个月的时间，直到罗伯斯庇尔被送上断头台为止。虽然某些雅各宾党人曾经建议在审判时尽量温和一些，但这么做就是徒劳，这项建议的唯一结果就是提议者被处死。然而，正是公众的厌倦情绪最终导致这一可耻阶段的终结。

随着国民公会内部派系斗争的持续不断及趋于极端的倾向，把曾经在国民公会里呼风唤雨的重要人物都给吞噬了，但到最后，它却被罗伯斯庇尔独自操纵了。就在国民公会把法国搞得兵荒马乱、备受欺凌之际，在外围，法国军队取得了胜利，他们攻占了莱茵河左岸、比利时和荷兰，并且得到《巴塞尔和约》[①]的认可。

必须把军队的工作与国民公会的工作完全区分开来，关于这一点我们已经明确地指出，并且我们后面还要提到这个问题。那个时代的人很容易理解这一点，但是，今天的人却常常忽视这一点。

---

① 巴塞尔和约，1795年4月5日，法国热月党人所组织的政府与普鲁士签订《巴塞尔和约》，普鲁士首先退出反法同盟，承认莱茵河左岸归属法国。从此，反法联盟瓦解。——译者注

当1795年国民公会被解散的时候，它早已引起了民众普遍的怀疑。由于长期充当民众奇思怪想的牺牲品，国民公会非但没有使法国恢复安定，反而把法国推进了无政府状态的深渊。瑞典驻法国临时代表德林克曼男爵在1799年7月曾写过一封书信，在信中他恰当地概括了人们对国民公会的普遍看法："我希望不要有哪个民族再像法国那样，自她自由以来，一直为她统治的那些人所统治，他们简直无异于残酷而低能的无赖。"

三、国民公会的终结与督政府统治的开始

国民公会在解散之前起草了一部新宪法，这就是我们常说的共和三年宪法，这部先发被用来替代1793年宪法。新宪法规定，由所谓元老院和众议院分享立法权；督政府行使行政权，督政府的执政官由元老院根据500人的提名进行任命，每年以选举的方式更换其中的一个人。它特别规定新的议会中应有三分之二的成员是从国民公会的议员中选出的，这项措施的效果微乎其微，只剩下10个部门仍然对雅各宾党人效忠。

而为了避免保王派当权，国民公会做出了将所有的流亡者永远驱逐出境的决定。但是共和三年宪法的公布没能产生预期的效果，没能平息平民的暴动，事实上这部宪法并没有起到什么正面作用。在1795年10月5日最重要的一次威胁国民公会的暴动中，起义领导人甚至对议会动用了一支正规武装。面对这样的挑衅，国民公会忍无可忍，最终决定反击，国民公会召集了军队，并将指挥权交给了普拉斯。

拿破仑受命承担了这次的镇压任务，他就此开始崭露头角。在拿破仑的指挥下，军队的行动迅捷有力。圣卢克教堂附近硝烟弥漫、炮声隆隆，最终，起义者被军队击溃、四散而逃，起义者当中的几百人当场被击毙。

在这次行动中，表现出国民公会还很不习惯雷厉风行的作风，但这完全得益于军事上的神速，因为就在采取军事行动的同时，议会甚至还在准备百依百顺地听命于起义者派出的代表。

第五章
革命暴行的实例

一、革命暴行的心理动机

就像前文所说的，革命原则在事实上构成了一种新的宗教信仰。革命者作为人道主义者总是充满热情地鼓吹自由和博爱，然而，他们与许多宗教相同，在其学说与实践之间存在巨大的反差。事实上，无论什么自由都没有被容忍，很快博爱也被狂热的屠杀所取代。

一切信仰的不宽容是造成原则与行为相背离的根源，一种宗教也许充满了自制精神和人道主义，然而，宗教的信徒却总是试图通过武力强加于人，于是，就产生了暴力。

因此可以说，大革命的暴行是一种宗教新教义在传播的过程中不可避免的结果。圣巴托罗缪之夜大屠杀、法国宗教战争、宗教裁判所、南特赦令的废止、龙骑兵对新教教徒和对詹森教派信徒的迫害等，这些大恐怖的行为都同属于一个家族，其心理根源是相同的。

其实，路易十四不是一个残酷的暴君，然而，在信仰的驱使下，路易十四先后射杀了数量众多的新教徒并放逐了一部分人，并将数量多达几十万的新教徒驱逐出法国境内。

信徒们采取迫害手段的根源并不是他们对异教徒的恐惧，在路易十四的时代，新教徒和詹森派教徒没有丝毫危险可言。因为心灵上的义愤导致了不宽容，因为深信自己掌握着绝对的真理，所以对于那些否认这些真理，必定不会按照良善的信仰行事的人，没有办法保持宽容。当一个人拥有强大的力量来去除谬误、坚持真理的时候，他怎么可能会容忍谬误的存在呢？

这种心态在各个时代的信徒身上都有所体现，后者当然也一样，坚信自己掌握了绝对的真理，而且在他们看来这些真理是显而易见的，并且它们的胜利必然能使人类重获新生。这样一来，他们对待自己的对手会比法国的教会与国王对待异教徒更为宽容吗？答案显而易见，是否定的。

我们必须承认，所有信徒都视恐怖为一种必然的手段，因为从一开始宗教法典就是建立在恐怖的基础之上的，信徒们为了强迫人们遵守，试图以威胁恫吓他们。

信仰雅各宾的信徒们的行为与他们的前辈毫无二致，如果再次发生同类事件，我们将看到这样的结局，就是同样的行为会一而再、再而三地出现。如果一种新的信仰明天获得了胜利，那么它将会采用这样的布道方式，即类似于宗教裁判所和大恐怖的。

然而，如果我们把雅各宾派的恐怖政策仅仅看作是一种宗教运动的结果，我们就没有办法全面而深刻地理解它。正如我们所看到的，许多人的利益依附于一种信仰并聚集在信仰的周围，而这种信仰来自于获胜的宗教。尽管大恐怖行为是由几个狂热的信徒指挥的，但是除了这少数几个虔诚皈依者之外，还有一群数量众多并只想从中谋取利益的人，这些人忠诚地追随在几个领导者身边，其原因不是别的，只是这些领导人允诺他们可以享受掠夺的成果。

"大革命时期的暴徒，"索列尔写道，"之所以依附于恐怖政策，是因为他们希望能够保持自己的权力，而这是其他任何手段都不能实现的。他们实行恐怖政策是为了拯救自己，以确保自己的利益，但在事后他们却声称自己的动机是为了挽救国家：当恐怖还没有成为一种制度时，仅仅是一种统治的手段；而实际上，制度只不过是使手段合法化罢了。"

埃米尔·奥利维尔在其关于大革命的著作中对大恐怖做出这样的结论："首先，大恐怖可以说是一场暴动，一场披着合法外衣的抢劫，一场聚集了多种罪行的规模庞大的盗窃。"对此结论，我们完全同意。

二、革命法庭

大恐怖阶段，最为恐怖的结构就是革命法庭[①]（The Revolutionary Tribunals），除了巴黎外，革命法庭几乎遍布整个法国。极具有讽刺意味的是，革命法庭的建立者丹东最终也被送上了断头台。

历史学家写道："法国当时共有178个革命法庭，其中40个是巡回法庭，这些大大小小的法庭拥有绝对的权力，任何时候任何地方，只要愿意它们就可以宣布在宣判地执行死刑。从1793年4月16日到共和二年热月9日[②]之间，巴黎的革命法庭处死共计2625人；在奥林奇小镇一地，经外省法官们的审判，有331人被送上断头台；在阿拉斯市，革命法庭处死了299名男子和93名妇女……在里昂市，那些革命专员们批准了1684宗死刑……将这些数字全部加起来大约是17000人，其中有1200名妇女和一些年过

---

① 革命法庭，法国大革命期间国民公会为审判政治犯而在巴黎成立的法庭，是实行恐怖统治的最强力的机构之一。革命法庭由国民公会任命，由一个陪审团、一个检察长和两个代理检察长组成。1795年5月31日，革命法庭被撤销。——译者注
② 1794年7月27日。——译者注

80的老者。"虽然法国的革命法庭仅仅对2625人宣判了死刑，但我们应该注意到，全部的嫌疑犯在9月就已经被草率地处决了。

事实上，巴黎革命法庭只是救国委员会手里的一种工具，刚开始，革命法庭还按部就班，并遵循一些法律，但很快这种形式就被取消了；甚至最后连质询、答辩、证据都不需要了，依据道德证据，也就是说以猜疑就可以定罪了，通常来说，法庭庭长只需要对被告提出一个问题即可。虽然如此，为了提高工作效率，富基埃-丹维尔提议将断头台设立在法庭内。

那些因党派之争而被捕的人一律被巴黎革命法庭送上断头台，并很快落入罗伯斯庇尔的手中，进而沦为血腥暴政的工具。它的始作俑者——丹东——在走向断头台之前，曾公正地请求上帝和人类宽恕自己曾经帮助建立了这样一个法庭。

在革命法庭这里，无论是以卢茜娅·德穆兰的温厚，拉瓦锡的天才，还是以马尔泽布的美德，都不存在一丝怜悯可言，最终结果都是在劫难逃。"这些天才"，邦雅曼·贡斯当邦雅曼·贡斯当（Benjamin Constant，1767—1830），法国文学家和政治思想家，近代自由主义的奠基者之一。说，"就这样被一伙最胆怯、最野蛮的人给杀害了。"

如果非要为革命法庭寻找理由，我们就需要回到雅各宾党人的宗教心理上，在精神上或目标上，这项工作都可以与宗教裁判所同日而语。那些为之供奉牺牲的人对自己是人类的救星的信念坚信不疑，因为他们是在镇压异教徒，镇压那些与自己信仰相异的敌人，并坚信这些信仰能够使地球获得新生。

在大恐怖时期，不只是特权阶级受到了惩罚。此外，有大约4000名农民和3000名工人也被推上了断头台。

今天，在目睹一桩死刑的执行时，我们常常会产生怜悯之情。有人由此设想，一次对如此之多的人处以死刑，人们对此会产生一种怎样的强烈的情感呢？但事实上，人们的思想是非常迟钝的，以至于最后都习以为常、满不在乎了。那时候的母亲们经常带着自己的孩子去刑场，并观看刽子手行刑，就如同今天她们带孩子去剧院看木偶戏一样。

杀人场景的日常化使人们变得对死亡置若罔闻。吉伦特党①人在登上断头台时都极为平静，甚至高唱着马赛曲，好像自己是在攀登楼梯一般。

民众这种安分守己的状态源于习惯的法则，它可以使人的情感迅速钝化。亲眼目睹保王党人的起义，人们对断头台已经不感到丝毫的畏惧了。大恐怖一直在进行中，但人们却不再感到恐惧；只有在大恐怖尚未实施时，恐怖才是一种有效的心理策略。对于真正的恐怖来说，与其说来自它的实现，不如说来自它的威慑。

三、大恐怖时期的外省

外省革命法庭宣判的死刑只能作为屠杀事件的一部分。在法国境内，革命军队烧杀抢掠，凶暴蛮横。历史学家记述了这样一组数据：在一个只有2000居民的小镇贝多因，就因为有人砍倒了镇上的自由树，于是，433座住宅被毁坏或焚烧殆尽，举目可见的尽是废墟，在这次事件当中，有16人被推上断头台，有47人被射杀；其余的人则被驱逐。这些人的生活退回到了原始状态——为了遮蔽风雨，只能在地上挖出洞穴。

而那些被送到革命法庭的人，命运只会更悲惨一些，对革命

---

① 吉伦特派，是法国大革命时期立法大会和国民公会中的一个政治派别，主要代表当时信奉自由主义的法国工商业资产阶级。吉伦特派的名字源于代表人物的家乡吉伦特省。——译者注

审判的谴责很快被压制。在南特，卡里埃根据自己的猜疑宣判这些人的命运，他将包括男子、妇女和儿童在内的近5000人淹死或射杀。

热月政变①之后的《政府通报》（MoniteilLr）上记录了这些屠杀的细节，在这里，我援引几则：

在攻占努瓦木提埃后，我亲眼目睹许多男人、妇女和老人被活活地烧死；一个十四五岁的幼女遭强暴后被残忍杀害；孱弱的婴儿被挑在刺刀上；从母亲身边拉开的幼儿被当场绞死。

同一期的《政府通报》上，一个名叫朱利安的人也提供了一份证词，朱利安说卡里埃强迫受害者自掘坟墓，然后将受害者就地活埋。1794年10月15日的《政府通报》上，刊载了蒂翁维尔人梅兰②的报告，报告上刊载了这样一个事实："勒德斯尼号"舰长接到指令，将41名受害者沉溺到海里，"在受害者当中，有一个78岁的盲翁，12名妇女，12名女孩和15名儿童，这其中6～10岁的儿童有10人，其余5个儿童还在吃奶"。

在对卡里埃的审判过程中（见《政府通报》，1794年12月30日），有人证明卡里埃还曾"下令溺死、射杀妇女和儿童，并且命令哈克索将军杀死旺代的全部居民，并将居民的住所焚毁"。

卡里埃是极其变态的，他从目睹受害者的痛苦中获得了极大的乐趣，"在革命法庭捕杀牧师的过程中，"卡里埃说，"每当看到牧师们垂死挣扎之前痛苦的表情，我就忍不住纵声欢笑，生平最快乐的事也莫过于此。"（见《政府通报》，1794年12月22日）。

---

① 热月政变，法国大革命中为反对雅各宾派罗伯斯庇尔政权的恐怖统治而发动的政变。因发生在共和2年热月9日（1794年7月27日），故名"热月政变"。——译者注
② 热月党人三个派别中新宽容派的代表人物。——译者注

为了配合热月政变，卡里埃成为被审判的对象；然而，在许多城镇都发生了大量的类似于南特屠杀的事件，在里昂富歇杀害了2000多人；而在土伦遇害的人数更是令人震惊，在短短几个月内，土伦的人口从29000锐减为7000。

公正地讲，这一群无恶不作的家伙们，之所以能够为自己辩护，是因为他们不断得到救国委员会的鼓励，卡里埃在受审过程中给出了这一证据：

"我承认"，卡里埃说（见《政府通报》，1794年12月24日），"每天枪毙150名或200名囚犯，但那都是委员会发给我的指令，我只不过是奉命行事，充其量我只是一个执行者。我回复国民公会说，成百上千的匪徒已经被击毙，他们对这样的数字非常赞赏，并命令将它载入公告。为什么原来这样做的代表们现在却对我这样愤慨激昂呢？当时为我的所作所为而拍手叫好，并让我继续执行任务，这究竟是为什么？难道仅仅是因为那时的我是国家的救世主，而现在的我却俨然成了一个嗜血狂人？"

然而很遗憾，卡里埃不知道在他做出这番辩白的同时，国民公会还掌握在七八个人的手里，对于卡里埃的辩白，他们没有丝毫办法反驳。卡里埃被送上断头台无疑是咎由自取，

◢ 我们过分屈从于这个荒谬恐惧：我们在根本上是完全无望的存在，如果人人都显现出其真实的存在，则一场可怕的社会大灾难将会接踵而至。

★荣格

但实际上整个国民公会也没法逃脱任何干系，他们应该一同被处死，因为是他们批准了屠杀的命令。

根据后来救国委员会找到的一些信件证实了卡里埃的辩白，信件中的内容始终督促那些"执行任务"的代表们积极采取行动。这些证据充分表明了大恐怖时期的暴行并非是少数几个人自发的冲动行为，其根源是一种机制。

在大恐怖时期，破坏欲望并不止于对人的毁灭，对无生命事物的破坏更为严重。真正的信徒总是喜欢打破偶像崇拜，一旦这些信徒掌握了绝对的权力，他们在消灭所有可以让人回忆起旧信仰的偶像、庙宇及象征物方面所表现出的热情如同消灭自己信仰上的敌人一般。

众所周知，迪奥多希皇帝改变信仰，转信基督教以后，首先做的就是摧毁了屹立在尼罗河畔的6000多座庙宇。所以，如果我们看到领导人攻击纪念碑和艺术作品的那个时代的遗迹时，一定不要感到任何惊奇。

手稿、塑像、镶嵌着彩色玻璃的窗户及金银餐具都被破坏的一塌糊涂，作为国民公会代表的富歇被派到涅夫勒时，他下令将所有城堡的塔楼和教堂的钟楼摧毁，"因为它们同样是有害的"。

对艺术品的破坏显然没能满足这些人的需求，他们将矛头指向了坟墓，巴雷尔向国民公会宣读了一份报告，随后，位于圣丹尼的宏伟壮观的皇家墓室顷刻间被砸得粉碎，甚至连棺材也没放过，被撬开；一个看守从蒂雷纳的尸体上将牙齿拔出，并当作古董卖掉，之后，蒂雷纳的尸体被送进了博物馆；亨利四世的上髭下须也都被拔了下来，一点不剩。

表面上看比较有文化修养的这些人竟然对毁坏那些艺术珍品

表示同意，这怎么能不让人深恶痛绝呢？所以，我们应当记住这一点：强烈的信仰造成的后果必定是极为恶劣的暴行，连国民公会也概莫能外。面对暴徒的一次次冲击，这些议员们被迫向大众的意志屈服。

这一记录向人们展示了两方面的事，一方面是狂热盲信的巨大力量，而另一方面，这些记录告诉我们：一旦人们摆脱了所有的社会约束，将会变成可怕的样子；当没有任何束缚的人们掌握了权力的时候，又将出现什么样的恶劣后果。

第六章
大革命时期的军队

一、革命议会与军队

在审视革命议会时，我们必须先了解议会，特别是国民公会内部的纠纷、自身的弱点、暴行。诚然，它在军事上的成功是无可比拟的，哪怕在它敌人的心目中也仍然保持着无可辩驳的光荣。在国民公会濒临解散的时候，法国的版图已经非常之大了，它拓展到了比利时，并且一直延伸到莱茵河的左岸。

如果我们把国民公会当成一个整体来看，认为其促成了法国军队的胜利并不为过；然而，如果我们分析这一整体的目的，是为了更深入地研究国民公会和法国军队胜利的各自的因素，那么它们之间的分离与独立就会马上一览无余。我们将会看到，在这一时期，国民公会只对军事行动有非常微弱的贡献，甚至可以忽略不计。前线的军队与巴黎的革命议会俨然属于两个不同的世界，这二者之间几乎不存在任何相互影响的关联，而且，它们看问题的立场也迥然各异。

国民公会则是一个无政府状态的深刻典型，它一直卑弱地处在大众的要挟下，没有任何自己的主见。甚至可以说，国民公会无法控制任何东西，相反要不断地受他人的支配，因此，国民公会又如何能够指挥军队呢？

议会对军事问题根本无暇顾及，而是把精力完全消耗在内部的争吵上。议会将军事问题交给一个特别委员会负责，而这个委员会几乎由卡尔诺一人控制，但实际上，卡尔诺的真正作用就是不断地为军队提供后勤补给和弹药支持。将752000军人置于法国的控制之下，督促军队的将领们发起进攻，并保持军队严格的纪律，这就是卡尔诺的功绩所在。

在国家防务上国民公会做出的唯一贡献是颁布了普遍征兵的法令，然而，面对大批强敌压境的局面，任何政府都会采取同样的措施。曾经有极短的一段时间，国民公会曾经派代表下令处决军队中的某些将领，但这一做法很快就被取消了。

在军事活动上，议会无关紧要，这是实情。军队在前线凭借人数、热情及年轻将领所采取的灵活战术，才获得了这些胜利。军队南征北战、东突西进，其行动完全与国民公会相独立。

二、反对大革命的欧洲战争

在阐述促成革命军队获得成功的各种心理因素之前，我们有必要简要地回顾一下对欧洲战争的起源和进展。

有一个事实是，法国大革命爆发之初，欧洲的君主们私底下都在幸灾乐祸，因为法国国王的倒下，意味着他们去掉了一个强有力的竞争对手。不仅如此，普鲁士的国王坚信法国会因为大革命而严重受创，自己则可以从中渔利，因此，他向奥地利的皇帝提出以割让佛兰德斯和阿尔萨斯为条件帮助路易十六的建议。

1792年2月，普鲁士的国王和奥地利的皇帝签订了条约，并建立了反法联盟。在吉伦特党人的影响下，法国先发制人，对奥地利宣战。一开始，法国军队节节败退，反法联军甚至突进到香槟省，这里离巴黎只有130英里的距离。但杜穆里埃在瓦尔米取得胜利之后，奥普联军被迫撤离了法国。在这次战斗中，有300

名法国士兵和200名普鲁士士兵战死，虽然战争规模不大，但却具有重大的象征意义——普鲁士军队曾号称无敌之师，但却被年轻的革命军队战胜，因而被迫撤退，无敌之师的神话被打破了；而法国军队则四面出击，并在几周之内，瓦尔米的士兵就将奥地利人赶出了比利时，在比利时，法国军队被当作解放者受到了热烈的欢迎。

战争一直是国民公会惯用手段，因为战争能转嫁很多社会问题。1793年年初，议会宣布将比利时并入法国，由此与英国产生了矛盾，而且这一矛盾一直持续了20年之久。

1793年4月，在比利时的安特卫普，英国、普鲁士和奥地利的代表举行了集会，通过这次会议，代表们决定将法国肢解，英国觊觎敦刻尔克；普鲁士人意图吞并阿尔萨斯和洛林；而奥地利人则意图得到佛兰德尔和阿图瓦。奥地利的大使主张利用恐怖粉碎法国大革命，"从肉体上消灭统治这个国家的整个派别"，在这样的处境中，法国只有两条路可走：一是坐以待毙，二是打垮敌人。

于是，在1793年到1797年的第一次反法联盟期间，法国被迫从比利牛斯山到北部的全部边境上拉开战线。

战争一开始，法国不仅丧失先前的战果，而且受到过几次重创：英国人占领了土伦；奥地利人占领了瓦朗谢讷；而佩皮尼昂和巴约纳被西班牙人占领了。在这种局面下，1793年年末，国民公会决定实行普遍征兵制，即从所有年龄在18岁到40岁的法国人中征兵，这样一来，大约有75万人被成功送到战场。法国旧的王室军队中的各兵团合并到自愿者和新兵的队伍中。

于是，法国军队再一次将反法联军击退了。茹尔丹取得瓦提尼大捷，随后，莫伯日的围困被解救；法国采取攻势，势如破竹，再次占领了比利时和莱茵河西岸；奥什收复了洛林；在弗勒留斯，茹尔丹击败了奥地利人，将他们赶回莱茵河，并占领了科隆和科布伦茨；荷兰也受到侵犯。面对法国军队的强力反击，反法联盟的君主们被迫求和，并被迫放弃在法国的军事战果。

实际上，法国能够取得胜利得益于这样一个事实，那就是法国的敌人一直没有全身心地投入到这场战争当中，他们那时一直忙着对波兰进行瓜分，从1793年开始历时两年多才如愿以偿，每一方对此都心无旁骛以期望获得更多的领土。这一想法直接造成了普鲁士国王在1792年瓦尔米战役后就选择了立即撤军。

此外，反法联盟中各国的迟疑和相互之间的猜忌，也给法国人极大的喘息机会，蒂埃博将军说，如果奥地利人在1793年夏就坚决地向巴黎进军，那么，"我们的失败是必然的结果；但他们却错过了战机，结果却为我们赢得了时间，因而我们获得了拯救"。

《巴塞尔和约》签订以后，在欧洲除了奥地利之外，法国已经不存在什么对手了。在督政府统治时期，在意大利，法国向奥地利人发起了进攻，当时负责这次战役的就是拿破仑，自1796年4月开始经过一年的战斗，法国再次获得了胜利，此时，最后一个敌人——奥地利人也被迫求和。

三、革命军队获胜的心理与军事因素

革命军队拥有巨大的热情、耐性与克制力，他们对革命的原则坚定不移，并坚信自己是一种新宗教的传播者，而这种宗教能够使世界获得新生，这就是他们能不断取得胜利的原因。这并不是孤例，比如阿拉伯的游牧部落在接受了穆罕默德理想的宗教信仰之后，就变成了一支所向披靡、攻无不克的可怕军队，并在短时间内征服了古代罗马世界的大部分地区。共和国战士英勇无

畏、坚贞不屈的精神就来源于类似的信仰。当国民公会将统治地位让给督政府的时候，全国已经获得了解放，于是，这些战士开始把战争推进到敌国境内，在这一时期，实际上，只有士兵才是真正的共和主义者。

信仰具有极大的感染力，在当时，法国大革命被视为开启了一个新的时代，因此几个受到专制君主制压迫的国家都把入侵者当成了解放者，并对入侵者顶礼膜拜：萨瓦的居民纷纷走到街上来迎接法国军队；美因茨的民众怀着极大的热情种植自由树，以此欢迎法国军队，他们甚至效仿巴黎成立了一个国民议会。

因此，只要面对的是处在封建君主专制压迫之下的民族，那么法国军队就会很容易获得胜利，然而，如果与法国军队发生冲突的民族拥有着相差无几的强烈理想，那么，他们就会遇到重重阻碍和顽强的抵抗。

对于那些没有明确信仰并苦于专制压迫的民族来说，自由和平等的新理想充满了诱惑；但是对于那些自己的理想已经根深蒂固的民族，显然，自由和平等的新理想束手无策。也正因为如此，共和国的军队与布利多尼人和旺代人抗争了很多年。

1793年3月，旺代[①]与布列塔尼的起义已经扩散到10个地区，旺代人在普瓦图，舒安分子在布列塔尼共投入了8万人参与战斗。

两种对立的理想之间的冲突必然是无情的，在旺代的战争立即演变成极为残酷而又野蛮的局面，其惨烈程度堪比宗教战争。

---

① 旺代叛乱，1793年3月10日，当新生的法兰西共和国面临欧洲君主国联合进攻时，法国西部旺代等地爆发了大规模武装叛乱。这场叛乱历时9个月，辗转于旺代、曼恩—卢瓦尔、普瓦图、昂儒、布列塔尼、诺曼底等广大地区。这是法国大革命时期规模最大、历时最久、对革命政府构成最严重威胁的一场内战。——译者注

这场战争一直持续到1795年，最终奥什将军使国家获得了最后的"安定"，这种"和解"的实现仅仅是因为其捍卫者在肉体上被消灭。

莫雷纳写道："经过两年的国内战争，旺代地区变成了一片废墟，大约有90万人在战乱中失去了生命，幸免于难的一小部分人也没能躲过饥寒交迫，因为田地被毁坏，篱笆和墙舍被推倒，房子也被焚毁。"

大革命的军队能够所向披靡的原因除了他们的信仰之外，还得益于那些优秀将领的指挥，这些将领们热情高涨，在战场上能够身先士卒。

军队当中，大部分先前的将领由于贵族出身而被撤换了，于是构建一个全新的军官集体迫在眉睫，所以一些军事天才此时能够脱颖而出，并大展拳脚，他们在短短几个月的时间内就被提拔，越过一切军衔。如奥什，1789年时他还是一个下士，但在他25岁的时候就成了一个师的将军，进而成为一支部队的司令。这些新的军事领袖们拥有强烈的积极进取精神，这是他们的敌人所不习惯的。这些将领们完全靠军功升迁，他们在战斗中果敢、坚强，灵活机变，能够适应新的形势需要迅速地制定出正确的战术策略。

尽管军队中的士兵缺乏与职业军队作战的经验，但他们的训练和操练方法很特别，与7年战争以来普遍使用的方法截然不同，实际上，面对这种复杂的战略，老式的方法根本没办法应对。

在战斗中，他们采取大批军队同时行动的方式来发动进攻，由于配置了很多的人，很大数量的缺口能够通过这种野蛮但很卓有成效的方式得以迅速补充。

拥有绝对数量的军队可以用刺刀袭击敌人，并且快速地击溃那些作战保守的传统军队。那个烽火传递信息的时代，军队中信息的更新速度很慢，因此法国人的策略比较有效，但是，法国军队成功的代价也是十分沉重的，即士兵的大量伤亡。据统计，在1792—1800年期间，在战场上，法国军队损失了超过三分之一的有生力量（200万人中的70万）。

从心理学的角度来看，我们可以从这些事实当中继续推断出一些结论。

通过对巴黎的革命群众和军队中的革命群众进行的一项对比研究，我们看到了两幅截然相异却很容易理解的画面。

之前我们已经指出，群众的行为只是受自己的感情冲动支配，根本没有驾驭和运用理性的能力，然而，我们同时看到，群众十分乐于接受英雄主义，甚至能经常产生高度的利他主义，因此很多人准备献身于一种信仰。

他们的心理特征非常复杂，且很多变，根据不同的环境能够产生相去甚远，甚至是完全对立的种种行为。国民公会及其军队的历史就充分地证明了这一点，它向我们展示了由相似要素所构成的群众，在巴黎和前线的行为方式存在如此之大的差距，以至于几乎让人无法相信我们所谈论的是相同的民族。

在巴黎的群众是暴虐的、混乱的、凶残的，他们变化多端，使得政府的一切管理趋于瘫痪。

而军队的景象却与巴黎完全不同，同样是一群非比寻常的人：他们恪守勤劳农民所具有的那种优秀品质，如本分、克制、严格遵守纪律；在热情的感召下，他们积极帮助穷人，在战场上大义凛然；他们拥有令人难以置信的应变能力，并成功打垮了欧洲最为可怕的军队。

纪律能够改造一个人；一旦摆脱了纪律的约束，无论哪个民族和军队都有可能蜕化为野蛮的游牧部落，但在日常生活中这一真理却经常被忽略掉，我们正在逐步背离人类集体逻辑的基本规律，却总是喜欢追随大众的意志，随波逐流，而不是学会如何去引导它；必须给群众指明道路，因为，他们不适合自己进行选择。

第七章
大革命领袖的心理

一、大革命时代人的精神状况：暴力与软弱

智力和性格是一个人的基本特征，人们往往依据自己的智力进行判断，而根据自己的性格支配行动。只有将这两个因素区分开来考虑，才能够充分地了解一个人。

一般来说，在重大的变革时期，性格是最重要的因素。我们在前文中已经描述过在动乱时代流行的各种精神状态，但就像我们指出的，这些乱世中流行的精神状态均属于一般类型，而且它们还要受到每一个人的遗传性和获得性精神状态的修正。

我们已经看到，在相当程度上，雅各宾党人的心理受到神秘主义因素的重要影响。此外，神秘主义因素在新信仰的皈依者那里导致了一种残忍的狂热。与此同时，我们也看到，并不是所有的国民公会成员都是狂热的盲从者，到了后来，盲从者只占很少的一部分，因为即使在革命议会最猖獗、暴虐之际，绝大多

数议员也都是温顺懦弱的中间派。在热月政变之前，这些中间派的议员们因为恐惧而投票赞成暴力，热月政变之后他们又附和温和派。

在革命时代，适中性格的人在人数上总是占大多数，但是，他们的选择往往是屈从于最极端的冲动。实际上，这些人和那些暴力性格的人同样危险，正是因为这些人的软弱造成后者的嚣张和肆无忌惮。在一切革命当中，特别是在法国大革命当中我们已经明确地认识到：一小部分心胸狭隘，但意志坚定的人，往往能够支配通常富有才能但性格软弱的绝大多数人。

在一场革命当中，除了狂热的信徒和性格软弱者之外，还必然会出现一群为一己私利不顾一切的人。在法国大革命时期，有很多借机谋取私利的人，如巴拉斯、塔里安、富歇、巴雷尔等，这些人的唯一政治信条就是迎合强者、欺压弱者、谋取私利。于是从大革命一开始，就产生了为数不少的这种"暴发户"，1792年，卡米尔·德穆兰写道："我们的革命深深扎根于每一个人的利己主义和自爱心理，将这些集合起来就构成了普遍的利益。"

如果我们在关于政治巨变时代人们所体现出的各种精神状态的那一章中加入观察到的这些细节，就能得出一个关于大革命时代人们性格的一般性概念。接下来，我们就把已经得

◢ 恶的势力，在今日空前巨大，已经成为一个不容忽视的"大国"了。一部分人依靠人类集体的推理制定教义，强大了自己。另一部分人，则因为缺乏同这种情形旗鼓相当的神话而变得孱弱。

★荣格

到详细说明的这些原则运用到大革命时期最为显赫的那些人的身上。

二、委员或特派员的心理状态

在巴黎，国民公会议员们的行动更类似于随波逐流，他们缺少主动，总是受到各种外部力量的操控、限制或鼓动。如果要对国民公会议员们做出一个恰当的评价，我们就应该在他们不受外部控制、可以自由行动的时候去观察他们，因此当国民公会派遣特派员到各个部门或地方"执行公务"的时候，就是观察他们的最佳时机。因为在这种情况下，这些特派员们的权力没有受到任何限制，文职官员和地方官员必须对他们绝对地服从。

对于一个"执行公务"的特派员来说，他们拥有绝对的权力，他们可以根据当时的情况，对个人财产实行"征用"、扣押或充公；而且如果他们认为合适，可以任意抽税，甚至可以将任何一个人监禁、放逐或斩首，在他的辖区内他就是一个"帕夏"①。

这些特派员视自己为"帕夏"，他们肆无忌惮地利用自己的权势尽情地享乐：乘坐着由6匹马拉的奢华马车，马车的前后环绕着卫兵；坐在奢华餐桌旁，一边享受美食，一边陶醉于靡靡之音中，他们的周围簇拥着一群演员、交际花和阿谀奉承者……在里昂情况也同样如此，科洛·德布瓦的排场俨然是一个土耳其的显贵。不断有人请求接见，但任何人无法见到他一面；在进入他的接待室之前得先穿过好几个房间，而且对谈时必须和他保持至少15步的距离。对于这些特派员，我们能够想象得到这些特派员出现在法国市镇时所表现出来的傲慢和神气，在前簇后拥的忠诚

---

① 帕夏，是奥斯曼帝国行政系统里的高级官员，通常是总督、将军及高官。帕夏是敬语，相当于英国的"勋爵"，是埃及共和时期地位最高的官衔。——译者注

卫队面前，无论是谁，只要稍有不轨举动就要丢掉性命。

那么他们都是些什么人呢？事实上，在成为特派员之前，他们有的是生意冷落的律师，有的是没有病人来就诊的医生，有的是被革去圣职的牧师，他们的生活窘迫不堪；顷刻之间，他们拥有了绝对权力，甚至可以和历史上最有权势的暴君同日而语。他们毫无怜悯地斩首、溺亡、射杀，无所不用其极，于是，他们从先前卑微的地位扶摇直上，一直到最显赫的当权者。无论是尼禄还是赫利奥盖巴勒①的暴政都比不上国民公会的特派员们，尼禄和赫利奥盖巴勒斯实施暴政在某种程度上还需要受到法律和习俗的限制，而这些特派员们根本不受任何法律的限制。

在对那些"执行公务"的特派员的精神状态的观察方面，我们可把以前牧师勒蓬作为例子，来观察一下他嗜血残暴的精神状态。勒蓬凭借着绝对的权威蹂躏了阿拉斯和坎布雷。勒蓬和卡里埃的例子让人们能够清楚地看到：一旦人类摆脱了法律和传统的约束，将会堕落成什么样子。这个凶残的议员所表现出来的残忍，因虐待狂而加重，他甚至在自家的窗户下面架起断头台，这样一来，他和妻子及助手就

> 在通往个性化的道路——，有无数的驻脚点，秘密结社便是其中之一。依靠集体组织，进而实现个人的与众不同，至今仍在沿用。
>
> ★荣格

---

① 斯赫利奥盖巴勒斯，统治极短的罗马皇帝，被历史记载为一个政治腐败、残忍，并穷凶极恶的昏君。——译者注

能立即从屠杀中获得乐趣！而在断头台的底下则设立了一个小酒馆，一些平民可以进来喝酒。刽子手们为了娱乐平民就在人行道上把被斩首者的裸尸摆放成各种各样的荒谬姿势。

阅读1795年在亚眠印刷的对他进行审判的两本卷宗，就像是身临一场梦魇一般。前国民公会的议员在市政厅接受审判，在20次的开庭过程中，阿拉斯和坎布雷大屠杀的幸存者们每次都经过亚眠古老的市政大厅。我们已经无法听清楚那些悲痛的亡灵在述说着什么，一个街区连着一个街区的人被处死；16岁的女孩和90多岁的老人就仅仅由于谴责了一次审判而被杀害；一边是被遭受凌辱、殴打致死的场景，一边是张灯结彩、喜笑颜开的沉沦；他们总是伴着音乐执行死刑；被征募来的童子军守卫断头台；这样一个道德败坏、玩世不恭的精神变态的总督；萨德的传奇故事竟然演变成了英雄的史诗。当这一幕幕骇人听闻的事件被揭露时，仿佛在经历了长期的恐怖统治之后，整个国家最终将它的暴戾吐净，向那些怯懦的人复仇，但是，它覆灭的那些都是不幸的人，他们俨然成了一个令人憎恶的已经消失的制度的替罪羔羊。

唯一能够为勒蓬辩护的就只有一条，即他只是在执行命令，他受到指控的那些事实早已为大众所知，但国民公会从来没有因此而谴责过他。

我在前面已经指出，这些"公务在身"的特派员们突然之间就拥有了一种以往没有过的最有权势的暴君的权力，自然而然地会飞扬跋扈、极度嚣张，但仅仅这些还不足以解释他们如此凶残的原因。

他们如此凶残还源自于其他的因素。国民公会的特派员们作为一种严格宗教信仰的信徒，就如同宗教法庭的检察官，他们绝不会可怜为自己牺牲的人。而且，一旦他们与所有传统和法律的束缚脱离了关系，最残忍的本能也就失去了约束，这时留在他们身上的就只有原始的兽性了。

文明抑制了原始本能，但实际上却从未在根本上断绝过关系，猎人的捕杀欲望就是一个永久的证据。以下是居尼塞·卡尔诺论述的一段话，这段文字向我们展示了在最没有危险的游戏中，这种遗传性倾向是怎样尽情挥洒其力量的，每一个猎人身上残留的野性都被它唤醒了。

"可以说，为杀戮而杀戮是一种普遍存在的乐趣，它是狩猎本能的存在基础，因为我们必须要承认，狩猎本身在现代文明国家中已经显得无关紧要。而实际上，我们延续的狩猎活动在很早之前，也就是未开化的祖先那里是被生存所迫的：如果他们不去捕获猎物，就得活活饿死；而时至今日，人们已经不被饥饿所困扰，因而狩猎已经没有继续存在的合法理由了。然而，它却一如既往地存在着，我们对此无能为力，或许我们永远也没办法挣脱这一强加在我们身上如此之久的枷锁：我们没办法无视自己看到动物流血时产生的那种强烈的、甚至是充满激情的快感；当一种追求的欲望将我们控制时，我们的恻隐之心就完全烟消云散了。最优雅、最灵敏的生灵，歌唱的小鸟，纷纷卡死在我们的陷阱中或栽倒在我们的枪口下；我们看到猎物们受惊吓、流血，濒临死亡之前的痛苦挣扎，拼命地抖动根本无法支撑它们的翅膀或用它们可怜的断爪寻求逃生之路，所有这一切本都是我们的罪过，但是我们却从罪过中得到了快感，发现了乐趣，甚至没有丝毫同情的念头……这种返祖现象是如此的强烈而冲动，即使我们当中最优秀的人也无法抵挡，这或许是我们唯一的借口。"

这种异常的返祖现象在正常的年代里，肯定会受到法律的限制，因而只能在动物的身上得到发泄；然而，当法律规范已经荡然无存，进而无法限制它的时候，它立即就向人的身上转移，这就能够解释为什么会有如此之多的恐怖分子能够从杀戮中获得强烈的快感的原因了。卡里埃曾说过，他在看到那些受害者承受痛苦的面部表情时内心会感到无比的快乐，这就是一个极为典型的例子。在许多文明人当中，残忍是一种受到约束的本能，但是它一直存在，从来没有被根除过。

三、丹东与罗伯斯庇尔

当我们提起法国大革命时，就不能不提到丹东和罗伯斯庇尔，他们是大革命当中的两个重要人物。丹东并不是我要说的重点人物，因为丹东的心理状态并不复杂，甚至是我们很熟悉的心理状态。丹东一开始的身份是俱乐部里的演说家，性格暴烈，但是舌灿莲花，总是热衷于煽动听众；但丹东的残酷仅仅体现在他的言辞当中，而他自己常常为这些残酷的言辞所造成的结果感到悔恨不已。最初在上流社会中丹东很有地位、惹人注目，而作为他未来的对手罗伯斯庇尔，相比之下就显得非常黯淡。

我们必须说，丹东曾经一度是大革命的灵魂，但他自身缺乏韧性和行为的坚定，而且他的生活非常窘困。而罗伯斯庇尔则跟他完全不同。罗伯斯庇尔以不间断的狂热，最终非常强硬地击败了丹东间歇性的努力，但令人感到吃惊的是，像罗伯斯庇尔这样一个强硬的民众领袖的最终结局竟然是被软弱而平庸的对手送上了断头台。

作为大革命中最具影响力的人物，罗伯斯庇尔已经被人们反复加以研究，但研究的成果却不是很多。无论对大革命的敌人，还是对那些根本不可能敌视现存政府的同僚，对他们来说，要想弄清楚赋予了罗伯斯庇尔生杀予夺的大权到底是一种什么样的巨大力量非常不容易。

　　当然，对于这样的解释，我们没有办法满足：米什莱认为罗伯斯庇尔的成功得益于他的原则；而泰纳则认为罗伯斯庇尔是一个沉溺于抽象观念的冬烘先生；与罗伯斯庇尔同时代的人威廉斯说："他经常通过诽谤或栽赃陷害而将对手搞得臭名昭著，这也是他统治的一大秘密武器，并以此作为实现他野心的铺路石。"

　　有的人指出罗伯斯庇尔雄辩的口才是他成功的关键，这是不得要领的：罗伯斯庇尔的演说内容通常是一堆艰深晦涩的抽象文字，在演讲时他总是把眼睛掩藏在风镜背后，并很痛苦地宣读他的演说。放眼于整个国民公会，才华出众的雄辩家不计其数，如丹东和吉伦特党人，但是最后，这些拥有雄辩口才的人都被罗伯斯庇尔击败了。

　　我们确实无法接受这样的主流观点，即最后获得胜利的总是独裁者，在国民公会里，罗伯斯庇尔没有丝毫影响力，但尽管如此，他仍然逐渐成为议会和雅各宾党人的主人。比约·瓦伦说："当罗伯斯庇尔进入救国委员会的时候，他就已经成了法国最重要的人物了。"

　　米什莱写道："罗伯斯庇尔的历史是一段惊人的历史，令人感到不可思议……甚至他的历史比拿破仑的历史更了不起。在政坛中，罗伯斯庇尔不露痕迹地崛起，看不到他使用任何手腕，也看不到他势力的增长。但就是这样一个天赋中等、操行一丝不苟、尽忠职守、正直的人，却能崛起于一夜之间，我无法理解这是一个什么样的大变革，哪怕在《天方夜谭》里也找不到这样的事例。罗伯斯庇尔随即拥有了比君主还要高的权威，并猛烈地抨击教权。"

　　当然，罗伯斯庇尔获得的成功得益于他所处的环境，民众视他为主人，并希望在他这里寻求安慰，每个人都需要有一个偶像，令人震惊的是当时他已经声名鹊起，而我们则试图寻找的是他迅速崛起的原因。我很愿意相信罗伯斯庇尔身上拥有着一种特殊的个人魅力，仅仅是我们还没有发现，关于这一点，我们可以从他与妇女的良好关系中得到验证。在那些日子里，"罗伯斯庇尔的演讲可以让妇女们痛哭流涕。……坐在看台上的七八百人发出雷鸣般的掌声。在雅各宾俱乐部，罗伯斯庇尔的讲话引来女人们动情的呜咽和呼喊，男人们的跺脚声则似乎要把大厅震翻。"甚至一个每年拥有1.6万英镑收入的年轻寡妇夏拉布尔夫人给罗伯斯庇尔写了一封热情洋溢的情书，并急切地盼望嫁给他。

实际上，我们不可能从罗伯斯庇尔的性格中找到他受到人们普遍欢迎的原因：他资质平平，总是抓不住现实而沉溺于幻想当中；他是个性情急躁的忧郁症患者；他狡猾而造作；他极端的自负，这是他性格中最为突出的一点，而且这种自负日渐增长，并在他末日来临时达到了最高点。作为一个新宗教的大主教，罗伯斯庇尔一直坚信自己是受上帝的指派而来到人间建立美德统治的，甚至他声称自己就是永恒之主应允派来改造尘世的弥赛亚①注。

为了获得文字上的虚荣，罗伯斯庇尔竭尽全力地修饰自己的演讲稿。罗伯斯庇尔十分嫉妒卡米尔·德穆兰这样的雄辩家或文学之士，这也正是导致他们死亡的原因之一。

"那些饱学之士是暴君怒火发泄的特殊对象，"我们上面援引过的那位作者写道，"对于他们，罗伯斯庇尔怀着一种对同僚的嫉妒，其中夹杂着被压抑者的愤怒，因为在迫害他们时罗伯斯

---

① 弥赛亚，是个圣经词语，与希腊语词"基督"是同一个意思，在希伯来语中最初的意思是受膏者，指的是上帝所选中的人，具有特殊的权力，是一个头衔或称号，并不是名字。——译者注

庇尔所表现的憎恨，与其说来自于他们对其专制的反抗，不如说来自于他们使自己黯然失色的才华。"

对他的同僚们，独裁者极为蔑视，关于这一点，他自己也供认不讳：他选择在盥洗的时候接见巴拉斯，在修完胡须后对着他同僚漱口，根本无视他的存在。在回答问题时他的态度更是极端傲慢。资产阶级和议员们在他的眼睛里发现的全部都是鄙视，而只有群众才能在他的眼里发现善意。"当至高无上的民众在行使他的权力时，"他说，"在他面前我们只有低头，因为他所做的一切都是美德和真理，不存在任何的过激、错误和罪恶。"

罗伯斯庇尔患有一种疾病，即被迫害妄想症，这导致了他砍掉别人的头颅不仅仅是因为他肩负着寻找信徒的使命，还因为他确信自己处在敌人和阴谋者的包围之中。对此，索列尔写道："尽管罗伯斯庇尔所顾虑的那些同僚们是那样的懦弱和胆怯，但对他来说，同僚给予自己的恐惧还是不断增长。"

在长达五个月的时间里，罗伯斯庇尔对所有人实行了绝对的专制，这是某种领袖权力的一个令人震惊的例子。一个暴君在军队的支持下，能够毫不费力地摧毁任何一个他想除掉的人。关于这一点，我们可以理解。然而，仅凭一人之力竟然成功地将大量与自己平起平坐的人推向断头台，这的的确确是一件匪夷所思的事情。

罗伯斯庇尔手握的权力是那样的专横，以至于他轻易地将最显赫的国民公会议员送上革命法庭，这也就意味着将其送上了断头台。吉伦特党人曾经位高权重、显赫一时，但在罗伯斯庇尔的面前是如此不堪一击，甚至罗伯斯庇尔对可怕的巴黎公社发起了进攻，并处死了它的领袖，而代之以一个完全听命于他的新公社。

罗伯斯庇尔为了加快除掉自己讨厌的那些人，成功诱使国民公会颁布了牧月法令，该法令允许处死仅仅有嫌疑的人。罗伯斯庇尔借助牧月法令在短短49天内在巴黎处死了1373人。在疯狂恐怖之下，罗伯斯庇尔的同僚们成了牺牲品，他们再也不敢在自己家里安然入睡；每次召开会议，仅有不到100名代表出席；大卫说："我相信我们山岳党人在大恐怖下将不会剩下20个成员。"

然而，最终罗伯斯庇尔被送上断头台的原因，正在于他过于信任自己的权力和国民公会的懦弱。罗伯斯庇尔企图让国民公会投票通过一项措施，该措施将允许不经过议会授权，而仅凭救国委员会的命令就可以把国民公会的代表送上革命法庭，也就意味着将其处死。对此，平原派的一些成员和几名山岳党人私下合谋，并意图推翻他。因为塔里安清楚地知道自己已经被列入死刑的黑名单，所以他无所畏惧，并在国民公会的会议上极力控诉罗伯斯庇尔的暴政。面对塔里安的控诉，罗伯斯庇尔企图通过宣读在手里保存了很久的一份演讲稿来为自己进行辩护，但是很快他就意识到这样做于事无补：以逻辑的名义摧毁对手是可行的，但以逻辑的手段来领导议会却是天方夜谭。在会议上，合谋者的叫喊声将罗伯斯庇尔的辩解声淹没；精神是可以传染的，于是在场的许多议员都跟着合谋者重复喊起"打倒暴君！"的口号，这就足以让罗伯斯庇尔垮台。议会显示了其强硬的一面，当机立断，逮捕了罗伯斯庇尔等人，并直接宣判了对他的指控。

罗伯斯庇尔被捕后，巴黎公社准备营救他，但议会宣布被捕者"不受法律保护"，在这一充满魔力的口号的影响下，罗伯斯庇尔的倒台已经无可挽回。

"在这一时期，如果被宣判得不到法律的保护，"威廉斯写道，"对一个法国人来说，就等同于被宣判患上瘟疫；宣判得不到法律保护就等于被强行剥夺了民事权，这就好比人们相信自己会因患者所呼吸过的空气而受到感染一样。议会的这一宣告对那些曾经把大炮对准议会的炮手们同样有效，根本不需要进一步的命令，只需听到公社已经'不受法律保护'的消息之后，炮手们心领神会地立即掉转炮口。"

罗伯斯庇尔及其所有同伙在热月①10日到21日之间统统都被送上了断头台；次日，新的一批70名雅各宾党人步上了他们的后尘；再后一天，又有13人被送上了断头台。于是，持续了长达10个月之久的大恐怖终于宣告结束了。

大革命期间，雅各宾派在热月的垮台是最令人不可思议的心理事件之一，促成罗伯斯庇尔倒台的那些山岳党人或许做梦也不会想到自己亲手终结了大恐怖。

塔里安、巴拉斯、富歇等人推翻罗伯斯庇尔的目的仅仅是因为罗伯斯庇尔曾经镇压了埃贝尔、丹东、吉伦特党人及其他许多人，然而，当他们从群众的欢呼声中得知罗伯斯庇尔之死被视为大恐怖的终结时，这些人立即装出一副早已预料的嘴脸。而实际上，他们这样做更多是迫不得已的，因为平原派——也就是议会中的大部分人——曾经完全屈从于罗伯斯庇尔的控制，而目前，他们要做的就是猛烈地攻击这种政策，长期以来，哪怕是在他们对之无比憎恨的时候，也还要在表面上做出支持它的样子。最恐怖的事情莫过于一群人曾经恐惧过，但现在已经没有丝毫恐惧了：平原派要为自己在山岳党人当政期间所经历的恐怖复仇，他们反过来要对山岳党人实施恐怖政策。

在国民公会中，罗伯斯庇尔的同僚们对罗伯斯庇尔的奴颜

---

① 1974年7月。——译者注

媚骨、低眉顺耳，根本不是心悦诚服地顺从。只是因为独裁者让他们感到一种心理上恐惧，所以，他们极力吹捧他、赞扬他、装作顺从他的样子，但在这些钦佩和热情的掩饰之下，内心却快速地滋长着一股强烈的仇恨之情。在1794年8月11日、15日和29日的《政府通报》上，我们看到各个代表们所撰写的报告，特别是关于"罗伯斯庇尔、库通和圣茹斯特这三驾马车的阴谋"的报告时，同样会感到匪夷所思，哪怕奴隶也不会对一个倒台的主人如此恶言相向吧！

在报告里我们看到这样的话，"这些恶魔一度重新运用了最恐怖的马略和苏拉的伎俩"，罗伯斯庇尔被视为一个穷凶极恶的人；我们被告知"同卡尼古拉一样，他不久就会要求法国民众对他的坐骑也要顶礼膜拜……为了保证他自己的安全，对于那些哪怕引起他一丝怀疑的人也要处死"。

但是，这些报告没有注意到，他们所影射的马略和苏拉的权势都有强大的军队作为支持，而对罗伯斯庇尔来说，除了多次得到国民公会议员们的纵容之外，他的权力没有得到过任何支持。如果不是议员们的极端胆怯，独裁者的权力恐怕一天也维持不了。

诚然，罗伯斯庇尔是历史上最可恨的暴君之一，但是与其他所有的暴君不同的是，罗伯斯庇尔在没有得到军队的支持下，就实行了长达几个月的暴政。

或许，我们可以这样总结罗伯斯庇尔的信条：除了圣茹斯特之外，他是雅各宾信仰最完美的化身，在他身上非常明显地展现了雅各宾信仰狭隘的逻辑、强烈的神秘主义色彩。以至于时至今日仍有许多仰慕者对他顶礼膜拜，昂墨就曾公开称罗伯斯庇尔为"热月的殉道者"。甚至已经有人提议为罗伯斯庇尔树立一块纪念碑，对此，我欣然接受。因为它有助于保存这样的证据：只要领袖们掌握操纵运作之道，议会将是何其温顺，群众将是何等的盲目；罗伯斯庇尔的塑像将让我们回想起，即使是在国民公会企图推翻他的前一天晚上，议员们还在为独裁者最具威胁的措施发出赞许和欢呼。

四、富基埃-丹维尔和马拉及比约-瓦伦等人

从前文中，我们已经看到生性残忍的革命者，由于掺杂了恐惧、憎恨和其他的一些情感，他们的暴行更加变本加厉。

作为革命法庭的检察官，富基埃-丹维尔给人留下了非常可怕的印象。革命前，富基埃-丹维尔颇有慈善、仁义的美名，但革命却使其变成了一个残酷无情的嗜血者，或者我们应该说革命激发出了他隐藏的残忍欲望，以至于对富基埃-丹维尔的回忆只能唤起人们的极度厌恶，但这也正好可以证实我在其他著作中的一个观点，即人的某些本性在革命时期会发生质变。

在君主制遭到颠覆的时候，富基埃-丹维尔还过着贫困潦倒的生活，在这场社会巨变中，所有的一切他都渴望得到，但却不怕失去任何东西。富基埃-丹维尔属于在动乱时期乐于把无政府状态一直维持下去的那种人。

国民公会赋予富基埃-丹维尔权力，于是，富基埃-丹维尔必须要对近2000名被告的命运做出判决，在被告中有玛丽·安托瓦内特、吉伦特党人、丹东、埃贝尔等。富基埃-丹维尔立即处决了全部嫌疑犯，并不假思索地背叛自己先前的保护人，一旦他们中的哪一个人落入自己的手中，毫无疑问，他都会进行指控。富基埃-丹维尔非常低劣的灵魂在大革命的漩涡里如鱼得水，并将自己发挥到极致。如果在正常的年代里，由于受到职业规则的限制，富基埃-丹维尔终其一生可能就是一个平淡无奇的公务员，

而这正是他在革命法庭的副手或说代理人吉贝尔·利当东的命运写照。一个有序社会的一个最大的好处就是它的的确确能对那些危险分子进行遏制，对于那些人，要想控制住他们就只有通过社会的约束。

也许，富基埃–丹维尔至死都没搞清楚自己被判有罪的原因，从革命的角度来看，对富基埃–丹维尔进行审判不存在任何理由。难道富基埃–丹维尔不是仅仅在无条件地服从并执行他上级的命令吗？将富基埃–丹维尔与派往各省的、完全失控的特派员们混为一谈不是一个合理的做法，国民公会的议员们对他经手的全部判决进行了审查并最终得到了批准。如果上司们对富基埃–丹维尔的暴行及他审判囚犯的简便程序不给予支持和鼓励，他又如何能够保住自己的职位呢？实际上，国民公会在宣判富基埃–丹维尔罪行的同时，也等于在宣判自己那套令人惊骇的统治体制有罪。对此，国民公会了如指掌，但仍然把一些恐怖分子送上了断头台，而富基埃–丹维尔仅仅是其中的一个忠实代表而已。

除了富基埃–丹维尔之外，我们还可以提到革命法庭的主持人迪马，他也表现出了一种极端的残酷，而且这种残酷伴随着强烈的恐惧心理而日渐浓厚。在外出时，迪马的身上总要带上两把荷枪实弹的手枪，他在自己的住宅里外设置了重重障碍，以至于来访者只能通过一个小窗口和他说话。迪马对所有人都不能完全信任，哪怕是自己的妻子，他把自己的妻子投进了监狱，甚至打算在热月前将其处决。

在国民公会揭露的一些残酷的人当中，比约·瓦伦是最为疯狂、也是最为残忍的一个，甚至，他可以被视为一个像野兽一般凶残的完美典型。

　　哪怕是在极度愤怒与痛苦的情况下，比约·瓦伦也能保持平静，做到喜怒不形于色，并能够很有条理地完成自己的任务——一项可怕的任务：在阿培监狱大屠杀时，比约·瓦伦代表管理方向刽子手表示祝贺，并许诺给他们很多赏金，随后就如同散步一般大摇大摆地回家了。比约·瓦伦身兼数职：国民公会的议长、救国委员会的委员、雅各宾俱乐部的主席。任职期间，比约·瓦伦先是把吉伦特党人送上了断头台，然后将王后送上了断头台。曾资助过比约·瓦伦的丹东这样评价他，"比约是佛口蛇心的小人"；比约·瓦伦先后批准了里昂的炮击、南特的溺杀、阿拉斯的屠杀；他还组织了以残忍而著称的奥伦治委员会；他参与了牧月法令的炮制，并曾经千方百计地怂恿富基埃–丹维尔；在全部死刑判决书上都留有他的签名，而且通常都是位列第一，且通常都是当着同僚的面第一个签字；他没有任何同情心、感情和热情可言；当其他人害怕、迟疑、退缩的时候，他却夸下海口要"揪住狮子的鬃毛"自行其是；为了使自己阴沉冷漠的面孔与周围的热烈气氛协调一致，他戴了一副黄色假发，除了比约·瓦伦那阴险的脑袋之外，任何人带了这副假发都会让人忍俊不禁；当罗伯斯庇尔、圣茹斯特和库通遇难时，比约·瓦伦毫不犹豫地弃暗投明，并将罗伯斯庇尔等人送上断头台……没人知道他这么做的原因，也没人知道他到底是什么居心，表面上看，他没有任何野心，既不爱权，也不贪财。

　　对于为什么比约·瓦伦会有这样的行为，我们这样认为：某些罪犯对血有着强烈的渴望。这一类的罪犯非常嗜血，就是为了杀戮而杀戮，就好像运动员的射击游戏，他们的兴趣仅仅在于体验破坏的快乐。一般来说，在正常时期，具有嗜血倾向的人出于对警察和绞刑架的恐惧而克制了内心的冲动，但是一旦当他们得到自由发泄的机会时，任何东西都无法阻止他们内心的冲动。比约·瓦伦等人的情况就是如此。

相比其他人而言，马拉有着更为复杂的心理状态，这不仅仅是因为他对杀戮的渴望中还掺杂了其他因素，即曾经受创的自尊、野心、神秘主义信仰等，而且我们还必须把他当作半个精神错乱者来看待，实际上，马拉一直饱受各种顽固思想和自大症的折磨。在大革命爆发之前，马拉提出了一些伟大的科学构想，但是无人欣赏他的才华，也没人对他感兴趣；马拉一直梦想着荣誉和地位，但结果却只在一个大贵族家里谋得一个地位卑微的差事。而大革命的爆发，则为马拉打开了前途无量的未来之门，他对不认可自己才能的旧制度十分痛恨，于是，他怀着满腔仇恨成了那些暴虐之徒的首领。在公开进行了九月屠杀之后，马拉创办了一份杂志，在杂志上他公然抨击每一个人，并不断地叫嚣要求判处更多的死刑。

马拉所说的每一句话都要谈到民众的利益，一时间，他成了群众的偶像，但他周边的绝大多数同僚都非常鄙视他。就算马拉能逃过夏洛特·科黛[①]的匕首，也必然躲不了被送上断头台的命运。

五、大革命后幸存的国民公会成员的命运

在国民公会当中，除了心理状态呈现特殊个性的成员之外，还有一些"新宽容派"，如巴拉斯、富歇、塔里安、梅兰（蒂翁维尔人）等，他们这些人没有丝毫的原则和信仰，只是根据时局变化伺机而动。这些人想方设法从民众大众的不幸遭遇中聚敛财富，或许在正常的年代他们只会被视为十足的无赖，但在革命时

---

① 夏洛特·科黛，法国大革命过程中刺杀大革命中的风云人物马拉的刺客，出身于没落贵族家庭，在修道院里长大并接受教育。由于刺杀马拉，她最终被判处死刑。——译者注

期，似乎一切善恶的准则都消失殆尽。

　　除了顽固坚持政治理想的几个雅各宾党人之外，大部分人将财富弄到手之后就毫不犹豫地与自己的信仰彻底决裂，投入拿破仑麾下。比如康巴塞雷斯①在与沦为阶下囚的路易十六的谈话中把他称为路易·卡佩，等到帝国时，他却要求自己的朋友们在公开场合称呼他"殿下"，而在私人场合则称呼他"阁下"。

　　大部分雅各宾党人都十分富有，而沙博、梅兰、巴拉斯、巴齐尔、塔里安、布尔索、巴雷尔等人都拥有城堡和大量地产，而那些至今还不富裕的人不久也会有万贯家财……在共和三年的委员会中，仅热月党的成员当中就有1个未来的公爵、13个未来的伯爵、5个未来的男爵，有7个未来帝国的参议员和6个未来的地方议员；在国民公会里，除了他们之外还有未来的勒戈尔特伯爵和奥特朗托公爵，共有不少于50个共和派在15年后都拥有了头衔、马车、养老金、纹章外套、羽饰、必要的不动产、旅馆及城堡；富歇去世时竟然拥有60万英镑的资产。这是马德林记述的。

　　于是，曾经受到严厉谴责的旧制度下的特权在短时间内又因资产阶级的利益而死灰复燃。为了实现一个这样的结果，将整个外省付之一炬、使苦难四处蔓延、使无数家庭陷入绝望、毁灭法兰西、颠覆欧洲乃至在战场上牺牲几百万人的生命都是必要的！

　　在即将结束这一章之际，我们回顾一下我们对这一时期的人们可能做出的评价。

　　对于伦理学家来说，他们必须要对某些个人的道德品行作出

---

① 康巴塞雷斯（1753—1824），法国杰出的法律职业工作者和政治实务家。在处决路易十六的问题上投了赞同票。曾协助拿破仑实现了雾月十八日（1799年11月9日）政变，并在后来的执政府中担任第二执政和拿破仑的高级法律顾问。在政治上颇得拿破仑信任，在拿破仑统治时期是权力地位仅次于拿破仑的政治家之一。——译者注

严格的区分，是非善恶要一清二楚，因为社会要成功地延续下去必须要遵从的标准是他们所依据的评判标准；但对于心理学家来说，则不能如此：心埋学家的目标首先是理解，知道其所以然，在彻底的理解面前批评将退隐消失。

　　人的心灵非常脆弱，一般来说，在历史舞台上粉墨登场的木偶很少能摆脱驱动自己运转的力量，那些专横的力量包括遗传、环境与现状。现在，我们正试图对那些人的行为做出解释，但是没有任何人敢肯定地指出假如自己就是那些人，我们将会做出什么样的行为。

第五卷
古代传统与革命原则之间的冲突

第一章
无政府状态的最后挣扎

一、督政府的心理

人们一般认为，当一些人加入各种革命议会后，这些人的心理状态可能是非常相似的。因为一种不变的环境往往意味着性格的稳定。这种想法一般来说没有问题，然而，一旦环境发生像大革命时期那样的急遽变化，人的性格必然会随之改变以适应环境，督政府的情况正是如此。

我们先来看一下督政府的构成：几个截然不同的议会，包括两个大议会及其不同类别的代表组成；由五个督政官组成的小议会。督政府中两个较大议会非常软弱，这很容易使人们回想起国民公会，因为督政官们已经有效地防止了诸如民众暴动等类事件的再次发生，因此，国民公会将不再受民众暴动的胁迫，但可怜的是，它们必须无条件地服从督政官们的专断指令。

通过选举的方式而产生的第一类代表大多数都是温和派，雅各宾党人的暴政已经让他们感到了厌倦。新的议会梦想着在一片废墟的法兰西重建自己的家园，甚至想要建立一个没有暴力的自由政府。

然而，这些温和派的代表们与前任代表一样，总是会发现事情与他们想象的存在很大差距，或许可以说这是大革命的一条规律——事情的发展往往不以人的意志为转移。代表们力图挽救败落的国家，但结果却给国家带来了新的祸患；代表们希望恰到好处，但结果却仍然毫无节制；代表们立志实现宗教和平，最终却用比大恐怖时期更为严酷的方式迫害、屠杀牧师；代表们企图将雅各宾党人的影响清除，但结果却被牵着鼻子走。

而小议会的心理状态与下院完全不同[①]。面对每天出现的新困难，大议会对之视而不见，一门心思想着实现自己的抱负，而督政官们却不得不直面并解决它们。

在督政官当中盛行一种很简单的想法，他们首先想到的是如何保住自己法兰西主人的地位，而对原则没有丝毫兴趣。为了实现法兰西主人的目的，督政官们毫不犹豫地采取最不明智的措施，甚至为了清除障碍取消许多地区的选举。督政官们意识到自己不具备统治法国的能力，索性就听之任之。督政官们竭尽全力采用专制的手段控制法国，却从来没有真正地治理法国，而在这一关键时期，法国最需要的就是治理。

一般来说，人们总会有这样的印象，即在历史上，国民公会是一个强硬的政府，而督政府却是一个软弱的政府。但是，真实情况则正好相反：称得上强硬政府的正是督政府，而不是国民公会。

如果我们从心理学角度看，或许就可以很容易解释为什么督政府时期与国民公会时期的政府之间存在很大差异，只要我们记住这样一个事实：一个由六七百人构成的集体特别容易受到感染性狂热情绪的影响，如8月4日夜里贵族主动放弃自己的特权；甚

---

① 下院，又称五百人院，因《法国共和三年宪法》规定的两院制议会而来，由500人组成，存在时间是1795年8月22日至1799年11月9日，下院除了作为立法机构外，还有权提名5名督政官。——译者注

勒庞还描述了另外一些特征，它们清楚地表明，群体的心理与原始人的心理之间的一致性具有十分充足的理由。

★ 弗洛伊德

至容易受到个别意志坚强者一时冲动的支配，如他们公然挑衅欧洲诸君主。然而，这样的热情或冲动很短暂，不会拥有持久而强大的力量；而一个5人构成的集体则很容易被一个人的意志所影响，所以更容易受到持之以恒的决心的影响，也就更容易形成并遵循一个固定的行为模式。

尽管事实证明督政府时期的政府缺乏治理能力，但它从不缺乏坚强的意志：无论是对法律的崇敬、对公民的顾虑，还是对公众福利的热爱，它的行动不受任何条件的制约；它把一种专制强加给法国，而且这种专制程度之高丝毫不比大革命开始以来的任何一个政府逊色，甚至包括大恐怖时期的政府。

尽管督政府采取的方法与国民公会的方法类似，并且它以一种极为残暴的方式统治着法国。然而，与国民公会一样，督政府自始至终都不是法国的真正主人。

这一事实再次证明了之前的论断——物质的强制不足以支配道德的力量。无论怎样强调都不为过的就是人类的真正指导原则是其历代祖先建立起来的道德架构。

我们已经习惯在一个井然有序的社会里生活，并得到法律和传统的庇护，因此，我们很难想象假如一个国家的这一基础被抽空将会是一个什么样的生活状态。我们对周围的环境，只看到其令人厌恶的一面，而很容易忽视，社会只有在强加了某些限制的条件下才能存在。人类某些野蛮的自然本能受到法律、礼仪和习俗的制约，而这些本能在我们身上从来没有消除过。

国民公会及其承接者督政府的历史证明：一个民族如果摧毁了自己的传统结构，并妄图凭借并不充分的理性来充当人为的社会黏合剂，将会造成什么样的混乱。

二、大恐怖再起，督政府的专制统治

督政官们为了转移民众的注意力，使军队忙于军务而无暇顾及其他，并通过掠夺来获取财富，他们决定再次发动征服战争。事实证明，这是非常有效的：军队赢得了骄人的胜利，特别是在意大利。

一些被入侵的民族想法非常幼稚，甚至还在指望入侵者们能够保护他们的利益，但随着时间的推移，他们很快就发现一切军事行动都伴随着压迫性的税收、对教堂和国库的掠夺等。

督政府的这一扩张政策所造成的最终结果就是一个新的反法联盟的形成，而且该联盟一直持续到1801年。督政官们所关心的就是如何与一系列的阴谋作斗争以保住自己的权位，而对自己在重建国家方面的无能和国家的状况漠不关心。

因为各个政治派别的武装尚未解除，所以这项任务足以使督政官们自顾不暇。国家的无政府状态已经达到了无以复加的地步，以至于所有的人都在强烈企盼一股强大的力量来恢复秩序。此时，每个人都能感觉到督政府及共和政体将不复存在。在这种状态下，一些人妄图重建恐怖体制，一些人梦想着复辟王政，而其他人则在期待一位将军主政，只有购买国有财产的人害怕政府发生任何变动。

督政府越来越失去人心，1797年5月，议会中有三分之一的成员改选，而新当选的议员当中的大部分人都对督政府体制充满了敌意。督政官们当然不会被这样的小事所干扰，他们立即宣布49个地区为无效的选举，并取消了154名新议员的资格，其中还流放了53人。在流放的人中有大革命时期最出色的人物——卡尔诺、特隆松·杜·库德雷、波塔利斯等。

军事委员会是督政府的拥护者，他们以暴力恐吓民众：任意处死了160人；将330人放逐到亚那，其中有一半的人在流放不久之后就死了；驱逐了大批回到法国的流亡者和牧师，这就是所谓的"果月政变"。

温和派是"果月政变"的主要打击对象，随后激进派也遭到了迫害。督政官们发现雅各宾派的议员数量较多，于是，宣布取消了其中60人的选举资格。

在上述事实中，督政官们的专横跋扈被展现得非常明显，并在那些措施的具体细节中明显地暴露出其本性。我们所看到的是，与大恐怖时期最残忍的代表们相同，法国的新主人——督政府嗜血成性、极端残酷。

虽然督政府没有将架起断头台当作家常便饭，但是他们却以流放的形式来代替断头台，受害者基本上没有什么生存的机会。比如，将受害者装在铁笼里送到罗什福尔，把他们丢在各种恶劣的环境中，之后，再把他们塞到小艇上运走。

"在代卡德到贝翁内瑟之间的甲板上，"泰纳说："在热带的高温下，空气的缺乏使得那些可怜的囚犯们将要窒息，在饱受凌辱之后，囚犯们最终因为饥饿或窒息而死；等到主亚那航程结束时，被押送的193名犯人经历了22个月才到达代卡德，那时存活下来的囚犯只剩下39人；而送抵贝翁内瑟的120名囚犯中，仅有1人幸存。"

当督政官们看到各地都有天主教复兴的迹象时，他们就认定这些神父正在有所图谋，暗中反对他们，所以，仅仅一年当中就有1448名牧师被驱逐或送上船艇，毫无疑问，这些人当中的大多数都被草率地处以死刑。事实上，大恐怖已经完全卷土重来了。

目前，督政府的独裁专制已经向各个行政部门逐渐渗透，其中以财政部门最为明显。如果督政府想要收取6亿法郎的税收，就会强迫那些议员们通过一项增税法案，但最终的结果却很不理想，只收到了1200万法郎；一计不成，它又决定强制借贷1亿法郎，这一政策造成的直接后果就是大批工厂倒闭、商业停滞和工人失业，而督政府凭借这一毁灭性代价换取了4000万法郎的收入！

督政府为了更有效地对外省实施控制，通过了所谓的《质押法》（The Law of Hostages），这部法律的实施使每个地区都因五花八门的过失而上缴了一大批抵押财产。

不难想象，这样一个体制极易让人们产生憎恨之情，截止1799年底，有14个地区陆续发生叛乱，46个地区的起义一触即发。假如由督政府继续执政，那么社会的彻底解体将是一种必然。

我们仅仅从财政的角度来说，当时社会上已经存在非常严重的解体现象：无论是金融，还是工商，一切都处于一种濒临崩溃的状态；作为流通货币的指券贬值到原来价值的百分之一，相应的财政部的借贷收据几乎成了一堆废纸；对公务员和政府债券的持有者来说，他们是不可能拿到报酬和回报的。

此时的法国在外国旅行者的印象中是这样的：饱受战争蹂躏，并被其居民遗弃的一个国家。工厂和商业基本处于歇业状态；在里昂，15000家工厂和作坊中有13000家被迫关闭，勒阿弗尔、波尔多、里尔、马赛、里昂等地都变成了一座座死城；被毁坏的桥梁、堤坝和荒废的建筑物使得交通被阻塞；废弃已久的道路上常常出现土匪，他们对过往的行人和车辆烧杀抢掠，甚至在有些地段，如果不从这些帮伙的头目那里购买通行证，就别想通过；当时的普遍状态就是贫穷与饥荒并存。

同样骇人听闻的则是道德上的混乱与失序：一个新的社会阶层独自享有珠宝、奢侈与享乐的欲望、豪华的宴会及美轮美奂的豪宅。这个新阶层包括股票经纪人、军队承包商及那些靠掠夺致富的名不副实的金融家，这些人使巴黎看上去呈现出一派繁华祥和的虚假景象，同时许多研究这一阶段历史的历史学家也被这番景象所迷惑，在极度奢侈挥霍的背后，掩盖着普遍的穷困。

对于我们理解谎言所编织的历史来说，书籍中的督政府编年史极其有用。近年来，戏剧当中经常出现以这一时期为题材的故事，并且仍然有人记得这种风尚，一种大恐怖后的歌舞升平深深地印在人们的脑海中。但实际上，比起大恐怖来，督政府上演的戏剧几乎没有任何改进的地方，其残忍暴虐毫无二致。最终督政府激起了人们极大的憎恨，以至于它感觉到自己的统治难以为继，于是他们就为自己物色了一个独裁者，使这个独裁者不但能够成为自己的代表，而且还能够维护他们的利益。

三、拿破仑的崛起

在督政府统治的后期，法国已经完全陷入了无政府状态，社会也在整体上趋于解体，以至于每一个人都在渴盼出现一个强有力的能够恢复社会秩序的领导者。一些议员早在1795年就曾经考虑通过王朝复辟来挽救这个国家，但是路易十八却宣称要完全恢复旧秩序，将所有财产都物归原主，并严惩那些参加革命的人，所以，路易十八的提议很快就被人抛之脑后。而基贝隆(Quiberon)毫无意义的冒险也最终使那些未来王权的支持者们不再支持他。

在整个大革命期间，保王党人表现出来的平庸无能和心胸狭窄都很好地证明了对他们采取的绝大部分措施是合情合理的。

既然恢复君主制已经不可能，那么，目前最重要的就是寻找出一位将军来挽救国家。当时拿破仑是唯一一个担此重任的人。拿破仑因意大利战争而名声大噪，穿越了阿尔卑斯山之后，他取得了一次又一次的胜利，他先后攻破米兰和威尼斯，几乎攻无不克、战无不胜、所向披靡。然后，拿破仑挺进维也纳，当奥地利皇帝决定战败求和的时候，他的军队与维也纳的城门仅仅有25里的距离。虽然拿破仑的声望日渐高涨，但他并没有因此而满足，为了进一步提高自己的名望，他说服督政府入侵埃及，希望借此削弱英国的势力，于是，1798年5月，拿破仑从土伦誓师并向埃及进发。

拿破仑之所以不断培育个人的威望，其实是出于心理学的考虑：长期以来，那些拥有强劲实力的将军们不断劝说这位出生于意大利的将军采取措施，登上共和国元首的宝座，但都遭到他的断然拒绝；因为他还没有把握仅靠自己的力量就可以稳操胜券。拿破仑深谙统治的艺术和这个伟大民族所需要的东西；他的想法与大革命时代的人和议会的想法存在很大的分歧，他知道自己现在还不能够肆意妄为，他不愿意拿自己声誉去做赌注。于是，他决定向埃

▲ 一个群体所服从的那些冲动是依情况而定的，有时是慷慨的，有时是残忍的，有时是勇敢的，有时则是懦弱的。不过不管怎样，它们始终是专横的，任何个人的利益，甚至连自我保存的利益也无法从中得到表现。

★弗洛伊德

及出发，一旦时机成熟，他就会东山再起。

实际上，拿破仑在埃及待的时间并不长，很快就被他的朋友召回国了。拿破仑在弗勒雷茹斯登陆，对于他的归来，两位督政和一些主要部的部长们早已事先做好了准备：人们热情满满，到处张灯结彩。拿破仑的计划在不到3个月的时间里就得到了推行，雾月十八日政变①轻而易举地取得了成功。

所有的派别在摆脱了那些长期压迫、剥削国家的邪恶小人之后，都精神抖擞、准备大干一番。毋庸置疑，法国将会出现一个专制政体，但它不会像督政府一样令人无法容忍。

雾月政变这一事实充分证明前面已经阐述的一点是正确的，即从表面上看，那些看来似乎很容易理解和确认的历史事件，无论多少人有过亲身经历，仍然不能形成一个准确的判断。

那么，30年前人们对雾月政变是如何评价的呢？雾月政变被视为一个野心家所犯下的政治罪行。但实际上，在整个事件当中，军队所发挥的作用并不大，甚至将少数几个顽抗的议员驱逐出议会的不是士兵，而是属于议会的卫队。换句话说，真正发动政变的是政府本身，而整个法兰西都成为它的同谋。

四、大革命为什么会持续

法律面前人人平等、民众享有主权、开放公职、控制国库开支等，这些施政纲领都因大革命的基本原则而产生。如果我们以此来对大革命持续的时间做出限定，那么可以说大革命的历史短短几个月，因为到1789年年中，大革命的所有这些目标都已经基本实现，接下来的时间内没有增加任何新的东西。但是，实际上

---

① 雾月政变，1799年11月9日，拿破仑以解除雅各宾派过激主义威胁法兰西第一共和国为由发动政变，迫使督政辞职，驱散立法议会成员，组成执政府，开始了为期15年的独裁统治。这一天是法国共和历雾月十八日，因此又称"雾月十八日政变"。——译者注

大革命延续的时间要比这长得多。

根据官方历史学家给出的资料，我们可知大革命只延续到拿破仑的崛起，其时间跨度在10年左右。确立新的原则之后，为什么会存在这样漫长的一个混乱、充满暴力的阶段？在对外的战争中，我们是无法找到原因的，对外战争曾因法国的节节胜利及反法联盟内部的明争暗斗而多次中断；我们也更不可能将其归咎于法国人对革命政府的同情，因为大革命时期历届议会的统治更令人鄙视和痛恨。不管是造反，还是盲从地投票，大多数法国民众都对这种体制感到无比厌恶。

长期以来，人们都误解了法国人对革命制度的憎恨情绪，近年来的历史学家们对此进行了深刻的揭露。在最新出版的一部有关大革命的著作中，作者马德林对他们的观点进行了这样的总结：

从1793年开始，法国大革命和共和国就一直被一部分人操纵着；现在，有75%的法国人盼望大革命能够停下来，但同时这些人费尽心机地操纵着这个不幸的国家……只要他们仍然手握权力，可以说大恐怖就必然会存在，在他们的高压之下，无论什么人，只要对其恐怖政策稍加反抗，都必然会受到他们的残酷迫害。

直至督政府结束统治的一刻，雅各宾党人还在掌控着政府的运行，他们千方百计地维护着自己的利益和权力，并希望以谋杀与掠夺的方式来获取不义之财。所以，对于只要可以保证他们继续享有这些东西的任何一个人，他们都将心甘情愿地将法国交给他。这些人之所以同意拿破仑发动雾月政变，就是因为路易十八无法使他们的愿望得到满足。

然而，就是这样一个暴虐而软弱的政府居然能在这么多年内苟活下来，对此，我们又该如何进行解释呢？

深究其中的原因，其实一点也不困难，那就是：有一大部分人能够从大革命的延续中获得巨大的利益。

这是最根本的一个原因，如果大革命只是一种理论信仰，那么它可能只是昙花一现；然而这种刚刚确立的信仰立刻就脱离了纯理论的范畴。

大革命的确并不只是夺取了君主、贵族和教士的政治权力，它还将旧的特权阶级拥有的财富和特权转移到大部分农民和资产阶级的手里，与此同时赢得了革命体制坚定的支持者。这些人用从贵族和教士那里得到的财产，以低廉的价格购买了土地和城堡，他们对君主制的复辟有高度的警觉，非常害怕旧制度死灰复燃，自己的利益受到剥夺。

基于以上原因，一个政府才得以存活，直至重新构建社会秩序的一个铁腕人物的出现。拿破仑许诺的除了大革命的道德成果之外，还包括其物质成果，他对人们的需要了如指掌，因此，他在很短的时间内受到了人们的极大欢迎。拿破仑的制度和法律吸引了大革命尚存争议的物质后果及仍然很脆弱的理论原则。因此说大革命是随拿破仑的崛起而宣告结束的，这种观点非常荒唐，事实则正好相反：拿破仑并非破坏了大革命，而是完成并巩固了大革命。

第二章
执政共和，秩序的恢复

一、如何使执政官认可大革命的成果

从执政府的统治中，我们能够寻找到丰富的心理学论据。首先，它向我们表明，一个强有力的个人的工作效率远远比一个强有力的集体的工作效率高得多。没有经过多长时间，困扰共和国10年之久的无政府状态就被拿破仑终结了。拿破仑使社会秩序得到了暂时的恢复。大革命时期的四届议会都没能做到这一点，就算是采用最严厉的镇压手段也没能做到这一点，但是，拿破仑只凭借一人之力，就在短短的时间内实现了这一点。

拿破仑用自己的权威立即镇压了寄希望于王朝复辟的反抗和巴黎的各种叛乱，并在精神上重新确立了法兰西的统一，它曾经因为强烈的仇恨和敌视而土崩瓦解。拿破仑用一种个人的专制取代了集体专制，使每个人都能获得利益，毕竟他的专制比当时实施的暴政要宽松得多。而且，我们不得不承认对他的统治表示不满的人很少，于是，不久之后，人们就怀着无限的崇敬和虔诚接受了他的统治。

一个迂腐的论调是拿破仑颠覆了共和政体，这是很多历史学家都持有的观点，但今天看来，事实则正好相反：拿破仑保留了所有能保留的共和遗产，可以说，如果没有拿破仑，共和主义的所有遗产都将会遭到毁灭。正是拿破仑通过制度和法典，使大革命一切可行的工作得到了巩固，即废除特权、法律面前一律平等。此外，执政府还继续宣称自己是共和政府。

如果不存在执政府，复辟的君主制就有取代督政府的可能性，进而将大部分大革命的成果毁于一旦。如果我们假设一下，假如拿破仑没有出现在历史上，督政府也不可能在民众的普遍厌恶中侥幸存活下来，它必然要被推翻，或许路易十八会重新掌握政权。当然，16年之后路易十八还是得偿所愿了，不过在这16年当中，拿破仑通过法律和习俗赋予了大革命强大的力量，以至于复辟的君主根本不敢对它下手，相应的财产权也没有恢复到旧制度的状态。

如果没有拿破仑，而是督政府直接被路易十八所取代，那么结局将会截然相反：路易十八可能会恢复一切旧制度，因而势必要爆发新一轮的革命，因为我们知道，使查理一世垮台的原因就是他企图恢复原来的旧制度。

某种程度上来说，那些抱怨拿破仑专制的人多少有些幼稚：在旧制度下，法国人受着各种各样专制的压迫；而共和政体建立的专制是一种比君主制还有过之而无不及的制度。在当时，专制是一种普遍的情况，如果没造成秩序的混乱，人们是不会起来进行反抗的。

他们在制造出无政府的混乱之后，就会寻求一个能够使自己摆脱这种状态的主人。这是大众心理的一条永恒的规则。所以，拿破仑就顺理成章地成为民众的对象。

二、执政官时代法国秩序的重建

权力和任务是对等的，在任何时候都是如此。因此拿破仑掌握权力的同时，也就承担起重建法兰西的艰巨任务。于是，拿破仑在雾月政变的第二天，就着手起草一部宪法——几乎是他一力承担。这部宪法注定要赋予拿破仑至高无上的权威，以便他有充足的能力统领各个派别、重整国家。这部宪法仅仅历经一个月时间就被制定出来了。

这部宪法就是所谓的共和八年宪法[①]，直到拿破仑的统治结束之后才停止使用，这中间只经过小幅修改。根据这部宪法规定，三位执政官拥有行政权，但其中两位执政官只拥有建议权，而身为第一执政官的拿破仑则拥有绝对的权力，他成了法国的唯一主宰。大臣、国务委员、大使、地方行政长官及其他官员都受拿破仑的任命，并拥有宣战或媾和的权力；同时拿破仑也拥有立法权，因为只有他才能够创立法律，这些法律经他创立后交给三个议院——参政院（the Council of State）、保民院（the Tribunate）和立法院（the Legislative Corps）进行讨论和投票，事实上，第四院也就是元老院（the Senate）则充当了宪法的护卫者这一角色。

虽然拿破仑是独裁统治者，但即使是在议定最细微的事务之前，他也要召集其他的执

> 没有自由就不会有道德。
>
> ★荣格

---

① 共和八年宪法和1799年宪法，也称"拿破仑宪法"，是为确立拿破仑合法统治地位而制定的宪法。1800年初正式通过。共七章，95条。该宪法重申法规废除封建制度，实行共和制度，于1802年被《共和十年宪法》所取代。——译者注

政官来共同商议；在拿破仑的统治期间，立法院的影响显得无关紧要，但如果没有得到参政院的咨询，拿破仑一项法令也不会签署：参政院的组成人员都是全法国最知名、学识最渊博的人士，这些人将法律草稿准备好之后，送到立法院讨论通过。由于采取的是秘密投票的方式，所以他们可以自由地对法案提出任何批评。因此，在拿破仑的主持下，在某种程度上参政院就是最高法庭，甚至可以审查大臣们的行为。

拿破仑非常信赖参政院，这是因为参政院的成员都是十分出色的法学家，他们每个人只负责自己的领域。作为一个杰出的心理学家，拿破仑从不信任大多数平民出身的、纸上谈兵的议员，因为他非常清楚整个大革命期间，这些人给国家带来了怎样深重的灾难。

拿破仑希望为民众进行统治，但并不求助于民众；在拿破仑的政府中，民众无关紧要，民众只对新宪法投票享有权利；偶尔拿破仑也会诉诸普遍的投票，但这种情况是十分少见的。由各议院相互推举产生而不是由选举产生立法议会成员的填补和更替。

在筹划一部以巩固自己权力为核心的宪法过程中，第一执政从来没有希望这部宪法能在重建国家方面发挥多大作用，因此，在草拟宪法的同时，也为重新建设法兰西承担了大量的司法、财政和行政方面的工作。巴黎聚集了各种权力，每个省（department）设立省长职位，并在秘书长的协助下开展工作；每个大区（arrondissement）设立区长职位，并配备一个委员会；市镇（commune）设一名市长和一个市政委员会。部长们任命所有的官员，而不是像共和国时期那样由选举产生所有的官员。

这套行政体系确立了一个全能的国家和一个强有力的中央政府，继任的政府继承了这套行政体系，并一直延续到今天。虽然这套行政体系存在这样或那样的缺陷，但为了避免在一个自身陷于严重分裂的国家里出现地方专制，一直沿袭着中央集权的体制。

　　这套行政组织的基础得以建立正是由于对法国人国民性的深刻认识。这套行政体系在很短的时间内就恢复了法国被中断了许久的平静与秩序。为了实现国家的精神和解，国家赦免了政治放逐犯，并向教徒重新开放教堂。

　　拿破仑在重建社会大厦的过程中还亲力亲为起草了一部法典，其中大多数是借用旧制度习俗，正如有人指出的，这部法典是新法律对旧法律的一种过度或妥协。

　　第一执政要想在很短暂的时间内完成极其繁重的任务，首先就必须要利用一部宪法赋予自己绝对的权力。如果第一执政将一切措施都提交给议会，那么他将无法从无政府状态中将国家解救出来。

　　很显然，共和八年宪法已经将共和政体转变为一个君主政体，这一政体起码与路易十四"君权神授"的君主政体一样，都是专制的政体。这部宪法作为适合当时形势需要的唯一一部可供选择的宪法，反映了一种心理上的必然性。

三、执政事业成功的心理因素

　　能够影响群众的各种外部力量，最终都有可能转化为心理的力量。一个胸怀谋略的政治家必须透彻理解这些心理力量，只有这样才有可能实现自己的目标，历届的革命议会对这些力量均熟视无睹，而拿破仑却深谙此道，并能够很好地对它们加以利用。

　　历届的革命议会都是由彼此对立的派别组成的。拿破仑知道，如果想驾驭这些派别，自己就必须与其他任何派别都是独立的。拿破仑深深地知道，那些散布于各个政治派别之中的杰出人才才是一个国家的精英，因此，他对这些人十分推崇，一律加以擢用。拿破仑唯才是举，从保王主义者、自由主义者、雅各宾党人等多种政治势力中挑选出来一部分人，并将其组成了自己在政府中的代理人。一方面，拿破仑得到旧制度支持者的帮助；另一方面，他还谨慎地让他们知道自己的意图在于维持大革命的基本原则，即便这样，仍有许多保王党人还是选择支持新政府。

其历史意义姑且不论，仅从心理学的角度看，政府实现了宗教和平，这是它最突出的贡献之一。导致法国四分五裂的原因是多方面的，与其说是政治观点上的分歧，还不如说是宗教观念的纷争。因为军事斗争的结束而终止了对一部分旺代地区的彻底破坏，但与此同时，人们的心灵并未得到平息。既然只有且仅有一人，即基督教会的首领能够促成和平，那么，拿破仑就会不假思索地向基督教会的首领进行妥协。拿破仑与教皇签订了《教务专约》，这一条约是一个真正心理学家比较明智的做法，因为拿破仑深深地知道道德的力量，而不需要使用暴力来征服，武力迫害只能带来更大的危险。虽然实现了与教士的和解，但拿破仑仍然竭尽全力地将他们置于自己革命心理学的控制之下，由国家任命主教并发放薪资，这样一来，拿破仑依旧是这个国家的主宰者。

　　拿破仑采取的宗教政策是深谋远虑的，但是现代雅各宾党人经常忽视它的意义，他们总是一味地沉溺于自己狭隘的盲信，也不能清楚地看到这一点：如果从政府中将教会分离出去，那无异于建立了一个国中之国，因此他们很容易就会发现自己遭到一个阶层的反对，教皇——一个不在法国境内却对法国怀有敌意的主人，将会蛊惑这些阶层的人反对本国政府，给予敌人一种本不该拥有的自由，这是一种极其危险的行为，不管是拿破仑还是他之前的任何一个统治者都不会允许教士成为独立的力量，但我们今天的做法却与之截然相反。

　　此时，拿破仑所面临的困难远非他在加冕称帝之后所遇到的困难能比，只有对人的深刻理解才能有助于他战胜这些困难。

　　到目前为止，未来的主人还绝非真正的主人：许多地方仍然会爆发叛乱，还存在肆无忌惮横行的土匪，而且米迪地区正在经受各派党徒的战火纷争。

　　作为执政者，拿破仑还必须与一些将军们进行周旋，甚至连他的兄弟也会联合在一起反对他。在拿破仑身为皇帝时没有需要对付的党派；但在拿破仑执政的时候就不得不与所有的派别进行斗争，并在他们中间保持一种平衡。这是一项相当艰巨的任务，自20世纪以来，可以成功做到这一点的政府屈指可数。

　　要想顺利地完成这一任务，需要综合运用策略、意志及交际手腕。作为执政的拿破仑觉得此时的自己还不具备足够强大的力量，于是他就另辟蹊径，为自己建立了一条准则，用拿破仑自己的话来讲，就是"按照大部分人所希望的那样统治"。作为皇帝，拿破仑一般无需考虑太多，只是根据自己的理想来统治就可以了。

　　曾经在很长一段时间内，对于雾月政变来说，不少历史学家和诗人一直存在很多争议，但这样的时代已经一去不复返了。"法兰西在穑月的灿烂阳光中得到解放"这样的断言实际上是如此的虚幻！而维克多·雨果等人对这一时期所作的判断也是很荒谬的。我们已经清楚地看到实施"雾月罪行"的同谋者不仅是政府，还包括全部法国人。实际上，正是雾月革命从无政府状态中将法兰西拯救了出来。

也许有人要问，为什么那些高智商的饱学之士会做出如此错误的论断呢？毋庸置疑，是因为这些人按照信仰来看待历史事件。我们都知道，对于那些挣脱不掉信仰束缚的人来说，真理会因为他们的信仰而产生变异。哪怕最明显的事实也会被遮蔽，事件的历史将会沦为梦想的历史。

我们将这段历史的心理学家简略地勾画出来以便大家理解。如果他们不属于任何一个党派，并对一切党派所具有的激情一清二楚，那么，他们所能做的的确只有这些，他们对恣意指责过去绝不奢望，因为那是一个特殊的时代，它受到不可克服的必然性的影响。当然，拿破仑令法兰西付出了颇为惨重的代价：两次远征的失败使他的壮丽史诗落寞下场；就算在拿破仑去世以后，其所遗留的威望还能将他的侄嗣推上帝位，但拿破仑三世所发动的第三次远征与其祖辈同样是功败垂成，其影响时至今日仍不可小觑。

所有这些事件都和他们的起源有着密切的联系，它是一个民族在其发展的过程中，和其理想的演变进程中，必定要付出的一定代价：那就是试图一下子就与自己的祖先割断联系是不可能实现的，除非他们自己的历史过程发生了深刻的变革。

第三章
最近一个世纪革命与传统原则
冲突的政治后果

一、法国不断产生革命运动的心理因素

在后文的介绍中我们将会发现，革命思想在半个多世纪的时间里及社会各阶层中传播得极为缓慢。绝大多数民众和资产阶级在这段时间当中，并不关注革命思想，只有几个有限的信徒受到了它的蛊惑，但因为政府的过失，他们的影响足以诱发几次革命。待考查了引发革命的心理因素之后，我们将对这些革命进行深入探讨。

人们更多的不是受其统治者竭力强加给他们的制度的支配，而是受自己的心理意识的支配。关于这一论断，我们最近一个世纪的政治革命史足以提供很好的证明。法国之所以会接二连三地爆发革命，是国家中两部分心理及政治意图不同的人相互斗争的结果：一部分人主张实行君主制，信仰宗教，并长期以来一直深受传统的影响；而另一部分人尽管实际上也受传统的影响，但他们赋予传统以一种革命的形式。两种对立的心理意识之间的斗争从大革命伊始就已经很明显地存在了。但是虽然遭到了可怕而疯狂的镇压，但叛乱和阴谋却从未间断过，直到督政府的统治被终结。这证明了过去的传统牢牢植根于大众的内心深处。在曾经的

一段时期内，多达60个地区发生了反对新政府的叛乱，直到几次大规模的屠杀之后才被镇压下去。

在旧制度与新理想之间建立某种妥协，这是拿破仑要解决的最棘手的问题，他必须找到一些可行的方法，并用这些方法来协调造成法国分裂的两种对立的心理意识。正如历史展现给我们的那样，拿破仑在这一点上做得很成功，他所采取的主要是一些折中的措施，此外就是对相当古老的事物重新冠名。

在拿破仑统治时期，出现了在法国历史上相当罕见的现象，即法兰西实现了精神上的彻底统一。

但这种精神上的统一是与拿破仑的权威相伴而生的，因此，在拿破仑倒台之后，原来的各个派别迅速东山再起，并一直延续到当代。一些派别依附于传统势力，而另一些派别则激烈地排斥传统势力。

如果在信徒与冷漠者之间产生这种冲突，它就不会长时间地持续，因为冷漠一向都是宽容的；但非常遗憾的则是两种相异的信仰之间产生了争斗。世俗的派别没多久就采取了措施，他们披上宗教的外衣，伪称的理性主义几乎成为最狭隘的教士精神的替代形式，近些年来显得特别明显。目前，我们已经明确指出：不同的宗教信仰之间是无法和解的，所以，一旦教士们手握权力时，他们对自由思想家们不可能比今天所看到的表现出更多的宽容。

在法国，有种常令外国人大为惊讶的现象，即大多数政治信仰的起源，甚至在圆滑、老练的政治家身上都能激发强烈的仇恨。

在法国，具有不同信仰的人之间的相互憎恨、攻击常常使政府及内阁倒台加速，少数派之间也常常联合起来对得势的党派进行反对。我们知道，被选进当今议会的一大批革命的社会主义者依赖的就是保王党人的支持，而且这些人仍然一如既往地愚蠢至极。

造成法国四分五裂的诸多原则之间的相互冲突已经持续了一个多世纪，而且肯定会延续很长时间，没有谁能够预见它的将来及其可能会导致的巨变。如果纪元之前的雅典人能够预知他们的社会纷争将造成整个希腊的覆灭，那么他们肯定不会内讧了，然而他们怎样才能预见到这一点呢？

二、百年法国革命的回顾

在对过去一个世纪里法国所经历的革命运动的心理原因进行考察之后，我们终于有了一系列素材可以对这些接连不断的革命进行大概的总结和概括。

击败了拿破仑之后，反法联盟的君主们把法国的疆土缩减到原来的边界，并推举唯一的君主候选人路易十八为新的法国国王。法国还通过了一部特别宪法，新国王接受了代议制政府下的立宪君主地位，并承认大革命所取得的全部成果：法律面前人人平等、民事法典、信仰自由、对国有财产的售出不予追究等，但限制了投票权，使其仅限于确定税收的数目。极端保王党人对这部带有自由主义色彩的宪法表示了强烈反对，他们企图恢复旧制度，并重新掌握原有的旧特权。对极端保王党人的反对，路易十八感到恐惧，并唯恐其酿成一场新的革命，于是解散了议会，温和派议员再次掌权。在法国，任何复辟旧制度的企图都将导致一场叛乱，路易十八深深地认识到这一点，所以，他可以按照既定的原则维持其统治。

然而，遗憾的是，1824年路易十八去世了，前阿图瓦伯爵查理十世（Charles Philippe）继承了王位，查理十世是个目光短浅、心胸狭窄的君主。查理十世表明自己自1789年以来一直坚持的想法，他准备颁布一系列法律：渎神法、对流亡贵族给予4000万先令赔偿、恢复长子继承权、赋予教士特权等。在当时，大部分议员对查理十世的做法表示反对，并且有愈演愈烈的趋势。1830年，查理十世签署法令解散议会、镇压舆论自由，并开始着手复辟旧制度。

迪耶尔、卡齐米尔·佩里埃、拉法夷特等运动领袖召唤此前很少受人关注的路易·菲利普到巴黎，并宣布路易·菲利普为法国的新任国王。面对民众的冷漠和依旧效忠于正统王朝的贵族的强烈敌意，新国王路易·菲利普向资产阶级提出了援助的请求。随后，一项新的选举法把选举人缩减到20万人，使资产阶级在政府中占据绝对的优势地位。

在1830—1840年间，共和主义者们通过一种类似于大革命时期的民众社团的秘密组织，发动了若干次间歇性的暴动，但没多久就遭到了镇压。

另外，正统主义者和教士也一直谋划着自己的阴谋：在旺代，亨利五世的母亲德贝里公爵夫人妄图起义；教士们的要求最后使他们变得极其不宽容，竟然发动了一场叛乱，在这次叛乱中，巴黎的大主教宫被毁坏了。

在1848年，一场支持选举改革的运动最终演化成一场新的暴动，结果却让人始料未及，新国王路易·菲利普被推下台。

代替倒台的君主，一个临时政府在巴黎市政厅宣告成立，宣布建立共和国，确定普选的方式，并颁布法令要求民众对一个由900人组成的国民议会进行公开选举。

第一次大革命当中出现的心理现象再次登上历史舞台，新成立的民众社团的领袖们不时地鼓动群众对议会进行胁迫，但其理由通常严重缺乏基本常识，比如，竟然鼓动群众要求政府去镇压波兰的一次起义等。

在拿破仑三世统治期间，一开始它是一个专制政府，而后期则是一个自由主义的政府。他的统治持续了18年，1870年9月4日爆发的起义推翻了帝国，那是在瑟当投降以后发生的事情。

从此之后，就很少爆发革命运动了，唯一一次重要的革命是1871年3月爆发的革命，这次革命导致的后果是：巴黎的许多纪念物被付之一炬，2万多名起义者被处死。

1870年战争以后，经历了多次灾难之后的选民们显得有些一筹莫展，他们将数量可观的奥尔良派和正统派的保王党代表送进了议会。由于议会在建立君主制问题上不能达成一致意见，于是，他们任命迪耶尔为共和国总统，后来又让马歇尔·迈克马洪取而代之。1876年的选举与后来进行的全部选举都相同，大部分共和主义者再次被选进了议会。此后，无论怎样选举出来的议会都存在若干派别，并由此导致内阁的多次更替。

但是，这种党派分裂也并非毫无益处，他们所形成的相对平衡换来了40多年的相对平静。共和国的四任总统都不是因为革命而下台的，即使爆发了零星的暴动，也不会导致严重的后果。1888年爆发了一场支持布热朗将军的民众运动，这场声势浩大的运动险些颠覆了共和国政权，但共和国最终还是平安无事地幸存了下来，并成功地击败了各派别的进攻。

目前，这个共和国之所以能够得以维持，主要有以下几点原因：第一，在相互对立的派别中没有哪个派别特别强大，甚至强大到能够压倒其他全部派别的程度；第二，国家首脑有名无实，只具有象征意义，因此，无法将国家所遭受的不幸归咎于国家首脑，即使将其推翻也无济于事；第三，由于国家的最高权力分散在数千人的手中，与此同时，责任也相应的分散了，所以很难确定始作俑者是谁。一般来说，民众很容易就能推翻一个暴君，但对于一群匿名的小暴君，民众却显得无可奈何。

所以，国家能够得以维持，其暴政不断地得到延伸，这是我们所知道的法国一切政府体制的共同特征，是历次革命的最终结果。也许可以将这种形式的暴政看作是一种民族观念，因为法国持续动荡的最终结局就是对这一暴政的强化。国家主义（Statism）是拉丁民族真正的政治制度，而诸如共和制、君主制、帝国制等其他政府形式都只是虚无的标签、没有任何意义可言。

第四章
革命原则的新近发展

一、大革命后民主思想的传播

在人们的思想中，一种理论一旦牢固地扎下根来，那么它就有了防御力和影响力。这一法则对法国大革命过程中形成的那些理论也同样适用。作为一种政府形式来说，大革命的历史是极为短暂的，然而与其短暂的历史相反的是，大革命的原则却拥有顽强的、持久的生命力。大革命的原则通过一种宗教信仰的形式深深地影响了几代人的思想和情感。

虽然历经波折，但大革命的影响直到今天依然可见：拿破仑的功勋不仅在于其改变了欧洲的旧版图，重现了亚历山大大帝当年开疆拓土的辉煌，更为重要的是，他广泛而深刻地传播了大革命及其制度所树立的新的民众权利观念。尽管拿破仑在军事上的卓越功勋早已化为乌有，但是他极力传播的革命原则却代代传承。

在法兰西第一帝国后各种各样的复辟不断上演后，人们对大革命的原则或多或少有些淡忘了。在其后大约50年的时间里，大革命原则的传播速度非常缓慢，甚至有人认为，民众已经彻底把这些原则抛开了。只有几个理论家还在坚守革命原则，作为雅各宾派简单主义精神的继承人，他们一直坚信通过法律手段能够实现社会的彻底改变；他们试图让人们相信第一帝国仅仅是将大革命的任务中断了，他们希望可以将这项任务继续下去。

作为大革命时期革命者的忠实追随者，这些理论家们期待着重整旗鼓，东山再起；与此同时，他们竭尽所能通过著述的形式广泛传播大革命的原则。但是，他们从未停下来扪心自问：自己的改革计划是否符合人类的本性。事实上，他们是在为理想主义者建立一个空想的社会，而且他们坚信，一旦实现了他们的梦想，人类就将经历一次洗心革面的转变。

无论什么时代的理论家总是缺乏建设性的设计，通向他们政治理想的路只有破坏。在圣赫勒拿，拿破仑曾断言："即使专制如磐石般地存在，那些理论家们和理想主义者也会千方百计地将其碎裂为尘埃。"圣西门、傅里叶、皮埃尔·勒鲁、路易·布朗、基内等众多的空想家们在人类的历史上如星河般光彩夺目，但在他们当中，我们只发现奥古斯特·孔德一个人懂得政治的重建是态度和思想转变的先决条件。可以说，理论家们坚持的改革蓝图绝不是促进民主思想的传播，正好相反，它是阻碍了民主思想的传播。有几位理论家声称共产社会主义将使大革命的雄风得以重现，这导致的直接结果就是使无论是资产阶级还是工人阶级都感到了极大的恐慌。我们已经看到，导致帝国复辟的主要原因之一正是理论家宣称的恐惧。

> 如果他确信这些理念和信条有意义，则能够忍受最惊人的苦难；而如果他在承受住自己的所有不幸之后，不得不承认自己的追求不过是"痴人说梦"，则他会被压垮。
>
> ★荣格

19世纪上半叶，作者们苦心经营、创作的那些空想主义著作都无足深论，然而今天，我们已经对这些观念本身不以为然了。虽然如此，仔细比较一下道德观念和宗教观念在其中所发挥的作用，还是十分有趣的。改革家们坚信，如果没有宗教信仰和道德信仰，新社会的建立将会劳而无功。为此，改革家们总是不辞辛劳地寻求建立这样的信仰。

然而，应该在什么基础之上建立这样的信仰呢？其实答案很清楚，那就是理性。既然人们能够依靠理性创造出构造精细、功能复杂的机器，那么，为什么就不能通过理性创造出宗教和道德这些表面上似乎极为简单的东西呢？在那些改革家看来，宗教或道德的信仰是以理性逻辑为基础而建立起来的。奥古斯特·孔德对这一点非常清楚。奥古斯特·孔德曾经创立过一个所谓的"实证"宗教，而且时至今日仍有一些追随者。在这个宗教里，科学家将在一个新教皇的指导下构建新的教士阶级，而这个新教皇会将天主教教皇取而代之。

从长远来看，这一切观念都只会造成一个结果，那就是使群众离民主原则越来越远。

如果民众普遍接受了那些民主原则，那么，这也不是这些理论家的功劳，而只能归功于在新的环境中，人们的生活条件得到提高。随着科学技术的日新月异，工业得到了进一步发展，使大型工场的建立成为可能。经济的不断扩张必然会逐渐开始支配政府和民众的意志，并最终形成社会主义，特别是工团主义的扩张形成了一个十分有利的环境，因此，工团主义和社会主义成为民主思想的当代形式。

二、大革命三个基本原则的发展状况

法国大革命的成果用一句话完整地概括那就是："自由、平

等和博爱。"其中，平等原则产生了极为深远的影响，这也是其他两个原则所不能比拟的。

尽管从表面上看，这些名词的含义十分明确，但是，随着时代的变迁，不同的人对于这些词语的理解就会发生改变。我们知道，对同一个词，处于不同精神状态的人会做出截然相反的解释，这正是历史上引发各种冲突最常见的一种原因。我们以一个年轻的现代"知识分子"为例。对于这类年轻人来说，"自由"意味着摆脱那些让人厌恶的东西，诸如传统、法律、高傲等；对于国民公会的代表来说，"自由"只是意味着拥有无限专制的权力；而对于现代的雅各宾主义者来说，"自由"则意味着自己掌握了迫害对手的权力。

在演讲中，虽然政治演说家们时常会提及"自由"一词，但他们对"博爱"一词已经很少提及了。在今天，他们教导我们的是社会各阶级之间的冲突，而不是他们之间的联合。社会的不同阶层之间及领导它们的政党之间从来没有像今天这样互相之间充满了深深的仇恨。

"自由"究竟是什么我们已经难释其意，"博爱"也只是一种虚无缥缈的传说，然而，平等的原则却毫无顾忌地扩散着。平等原则在上个世纪法国所发生的所有政治变革当中获得了登峰造极的地位，以至于我们的政治和社会生活、法律、行为模式及风俗习惯都必须建立在平等的基础之上，至少理论上如此。平等原则成为大革命名副其实的遗产。民众不仅渴求法律面前的平等，还渴求地位和财产的平等，这种对平等的渴求正是民主的最新产物，也就是社会主义运动的关键所在。虽然这种渴求背离了与所有生物学和经济学的法则，但它依旧十分强烈，以至于在社会各个领域中得到了广泛传播。情感与理性之争曾经一度中断，但由此进入了一个崭新的阶段，需要注意的是，一直立于不败之地的不是理性而是情感。

三、知识分子与大众的民主

就我们所知道的，人类社会已经发生巨变的所有思想观念大都遵循两条规律：或者是这些思想极其缓慢的演变，或者是它们的意义将因为接受其精神状态的不同而发生翻天覆地的改变。从某种意义上来说，思想学说与生物并没有什么不同，也必须通过不断进化才能适应环境，也只有这样才能存活下去。对变幻莫测的那些事物，思想著作是没办法做出及时的回应的，因此，它们只能代表事物属于过去的发展阶段。即使是最杰出的著作也没办法反映鲜活的现实，而只能反映一些过去的东西：一般来说，一种学说的书面表达代表了该学说中毫无生气的部分。

在另一本著作中，我已经进行了探讨：在由一个民族向另一个民族传播的过程中，制度、艺术及语言这些要素是怎样发生变化的；这些要素的变化所遵循的规律与书本中所描述的真理有什么不同。现在我提起这个问题目的在于说明，在讨论民主思想时，我们为何很少关注对反映这一学说的文本，以及是什么原因导致我们只关注隐藏在民主思想背后的心理因素及其在接受了民主思想的各种各样的人当中激起什么样的反响。

接下来我们来考察一下大众的民主。我们知道，书籍或期刊上的民主思想的来源只不过是文人们的抽象理论，民众对它们根本不了解，而且，这种理论的实现不会给民众带来任何实际的东西。虽然从理论上说，通过一系列的竞争工人们能够突破他们与上层阶级之间的阻碍，从而跻身于上流社会；但是，在现实生活当中，能有多少人可以做到这一点呢？

在知识分子看来，民主的唯一目标就是建立一种选择机制，以便他们能够被当作精英挑选出来，并充当领导阶级。如果选择是真实的，那么，这种民主无可厚非，这恰恰证明了拿破仑的一句格言："统治的真正方法就是在民众的形式下雇用精英。"

然而，遗憾的是，知识分子的民主只能导致数量极少的专制寡头的神圣权力取代国王的神圣权力，它的狭隘与残暴有过之而无不及。但自由之花并不会因此而盛开。

与知识分子的民主不同，大众的民主绝不会以选举出统治者为目标，他们深受平等精神的影响，深深渴望改变工人的命运，所以，大众的民主对博爱的观念并不接受，对自由方面也没有多大的热情。除了独裁制度下的政府，否则政府根本不可能实现大众的民主。所以，在历史上，我们看到大革命以来的所有专制政府都受到了大众普遍的欢迎；而时至今日，工人阶级的公会的运作方式也是按照独裁的方式进行的。

情况始终都是这样，而且这也正是从柏拉图时代到我们这个时代的大思想家从来就没有谁拥护大众民主的真正原因。对这一事实，埃米尔·法盖[1]感到十分惊讶，他指出："几乎19世纪的全部思想家都不是民主主义者。当我写《19世纪的政治思想家》一书时，我对此感到非常沮丧。虽然我费尽心思试图找到一位民主主义者，以便我能介绍他所阐述的民主学说，但我找不到什么人曾经是民主主义者。"

当然，埃米尔·法盖能够找到大量的民主主义的职业政治家，然而，这些职业政治家同时也是思想家的却寥寥无几。

四、民主平等与天赋不平等

民主平等与天赋不平等之间的冲突是当今时代最难解决的问

---

[1] 埃米尔·法盖（1847—1916），法国文学评论家。——译者注

题之一。对于民主渴望的对象我们是知道的，现在就让我们来看一看自然是怎样回应这些渴望的。

民主思想从古代希腊英雄时代一直持续到当代，曾无数次席卷全球，但它与天赋的不平等之间却总是发生冲突。一些观察家认为，人与人之间不平等的原因是所受到的教育不同而造成的。实际上，对于什么是平等，自然并不知道，它从不平均地赋予人们以天才、相貌、健康、活力、智力及一切使一部分人优于其他人的能力。而理论是不能改变这些差异的，所以，民主学说将不得不停留在字面上，除非遗传的法则能够让人类在能力上实现协调一致。自然不理会怎样才能促进平等，而且，自创世以来，它始终依靠持续的差异，即借助渐进的不平等，优胜劣汰，实现自身的进步。早期地质时代那些低微的细胞恰恰是因为自然的这些不平等才进化为高等生物，而高等生物的出现则相应的改变了地球的面貌。

与自然相同的现象也如实地发生在社会当中。从平民阶级（Popular Classes）中挑选杰出分子，最终产生知识贵族，这种民主形式与那些抽象的理论家的梦想是相互对立的，理论家的梦想是把社会中的精英分子贬低到普通人的水平。

尽管与平等理论相矛盾，但自然的法则却给现代社会的不断进步提供了契机。因为科学和工业要求越来越多地考虑知识的作用，必然会进一步扩大其产生的社会地位的差异和精神上的不平等。

所以，这种现象毫无遮掩地摆在我们的眼前：尽管法律与制度试图将个人之间的差距拉近，但文明的进步则倾向将个人之间的差距不断扩大。从知识上的差异来看，封建制度下的农民与男爵差异并不大；但工人与工程师之间的差异却十分明显，而且，这种差异正在随着时代的进步不断增长。当能力因素成为促成进步的主要因素之后，每一个阶级中那些精明干练之人的地位就会呈直线上升的状态；而各阶级中的那些平庸之辈则只能维持原状，甚至地位江河日下。这是无法阻挡的大趋势，在它面前法律又能做些什么呢？

那些无能之辈声称因为自己在数量上占据优势，所以在力量上理应如此，这种想法与掩耳盗铃无异。出色的大脑运作起来将使所有的工人受益，一旦没有了这些大脑，他们就会很快陷入贫穷与无政府的泥沼当中。

在现代的文明社会中，精英所发挥的重要作用随处可见，以至于根本不需要过多地予以强调。无论是文明还是野蛮，一个民族中的普通民众都是平庸之辈，各民族之间因这一点而大同小异；而文明的民族唯一的优势就在于其所拥有的那些杰出的大脑。对此，美国人有着深刻的认识，因此，他们不允许中国工人移民入境，因为这些中国工人与美国工人的能力相仿，但中国工人要求的工资较低，这种情况将对美国本土的工人构成强大的威胁。尽管如此，我们还是看到，一般民众与精英之间具有越来越强的对抗性。时至今日，精英显得十分重要，但同时，也没有哪个时代的精英像今天这样难以为继。

一个国家的实力因科学、艺术及工业的进

步而得到增强，成千上万的工人也因科学、艺术及工业的进步而过上幸福生活。所有这些都得益于一小部分杰出的大脑及其带来的变化。

我们想象一下，如果因为什么特殊情况而使得早在100年前社会主义就被人们广泛地接受、认可了，那么，会出现怎样的后果呢？投机、首创精神、风险都将受到压制，将不可能取得丝毫的进步。那些劳工将会始终如一地贫穷下去；民众所获得的平等，也不过是一种平庸的心灵因为嫉妒而渴望实现的贫穷中的平等。人类永远都不会为了满足这种低劣的理想而将文明的进程终止。

第五章
民主演进的结果

一、非理性价值对社会进化的影响

信仰中存在合理性的内容吗？如果我们用理性来对历史上曾经出现过的伟大信仰做出解释，那么，这一对比的重要性立刻呈现在我们面前。如果以理性观点来看各式各样的神祇，其本质不过是一些空想罢了；但是，这些信仰对人类生活所产生的影响却是不容忽视的。

同样，这一对比对中世纪流行的诸多信仰来说也同样适用。尽管这些信仰都是一些空想、幻想，但它们好像与现实完全吻合，对人类生活产生了深远的影响。如果有人对此产生怀疑，就请对比一下罗马帝国的统治和罗马天主教会的统治。罗马帝国的统治是非常务实的、踏踏实实的，而且其中并没有掺杂任何空想、幻想的成分；而罗马天主教会的统治尽管完全以空想为基础而建立，但却是极其完整而强大的。在中世纪的漫长岁月当中，正是因为教会的统治，才使得那些半野蛮的民族受到了社会的约束和规范，并形成了自己的民族精神。如果没有这种民族精神，自然也不会有所谓的文明存在。

教会所拥有的强大力量再一次向我们表明：某些空想具有非常强大的力量，甚至可以使人们产生一些与个人利益乃至社会利益完全对立的情感。

在下面的章节中，我们将以哲学的视角来审视民主的演进所造成的后果。我们看到民主的演进过程呈现出加速的态势。对于中世纪的教会来说，它拥有一种强大的力量，能够给人们的心理状态造成深刻的影响。同样，我们在评价民主学说所引起的一些后果时，发现其力量一点也不比教会的力量逊色。

二、雅各宾精神与民主信仰的心理

当代雅各宾主义者们是忠实的继承者，他们不但很好地继承了雅各宾派的革命原则，同时还沿袭了推动他成功的特殊心理状态。

我们将之称为雅各宾精神。雅各宾精神总是试图以暴力的方式推行其自以为真实的空想：最终，雅各宾精神在法国及其他拉丁国家都得到了非常广泛的传播，以至于任何一个政党都受到了它的影响，甚至那些保守的政党也包括在内，不仅资产阶级深受其影响，并且，普通大众的受影响程度更是有过之而无不及。

这种雅各宾式的不宽容所产生的影响非常深远，以至于后世的统治者们为了对付自己的敌人往往毫无顾忌地采取最革命的手段：无论哪个政党只要稍有不服从，就会受到极其残酷的迫害，其全部财产甚至都会剥夺殆尽。时至今日，我们的那些统治者的所作所为与古代的那些征服者毫无分别，那些被征服者千万不要寄希望于胜利者会有丝毫的宽宥之心。

这种不宽容不仅存在于下层民众中，在统治阶级之间也同样流行。很早之前，米什莱就曾指出，比起普通大众，有教养的阶级实施的暴力往往有过之而无不及。当然，有教养的阶级不会去砸毁街灯，然而，他们却能通过其他手段置人于死地。在革命的进行中，有教养的中产阶级所实施的暴力才可以称得上是最猛烈的暴力，如教授、律师等实施的暴力。一般来说，在大多数人的心目中，那些受到过古典教育的大学教授们一定是文质彬彬的，但以他们目前的一举一动来看，情况并非人们想象的那样。如果你去阅读一些水平较高的期刊，就不会对我刚才所说的产生任何怀疑了。

与他们所写的文章一样，这些人的著作当中充满了对暴力的颂扬之词，人们不禁对这些人的学说充满疑惑：为什么在这些命运的宠儿们的内心中竟然隐藏着如此之多的仇恨呢？

这些人信誓旦旦地向我们保证说，驱使他们这样做的是一种强烈的利他主义（altruism）热情，但关于这一点非常令人感到困惑。实际上，把狭隘的宗教心理（religious mentality）抛在一边暂且不提，我们更愿意相信，他们在作品中竭力鼓吹暴力的唯一可能的解释是希望当权者关注他们或希望从中渔利，获得某种声望。

我在之前的一部作品中曾经摘录了法兰西学院一位教授著作中的几行文字。在文中，作者强烈抨击了资产阶级，并极力煽动民众剥夺资产阶级的财产；对此，我还得出这样一个结论，即在这类著作的作者当中，一场新兴的革命很容易就可以找到它所需要的罗伯斯庇尔、马拉和卡里埃们。

同古代的信仰一样，雅各宾主义的信仰（Jacobin religion）对那些低能的心智有着非凡的魔力，信仰蒙蔽了这些人的眼睛，他们认为理性是自己的准则，但是实际上，真正让他们梦寐以求的仅仅是他们自己的激情和冲动。

所以，民主思想的演进不仅产生了之前我们提到的种种政治后果，而且对于现代人的心理状态它也产生了不可估量的影响。在社会财富或智力方面，不管是谁只要超出了一般人的水平就会遭到他人的嫉恨。这种仇视优越性的心理在今天仍然在社会的所有阶级中盛行不衰，从下层的工人阶级到上层的资产阶级都概莫能外。这种心理造成的最终结果就是好斗、嘲讽、嫉妒、诽谤、迫害、桀骜不驯及不信任正直、无私和知识。

在当今的法国，从最一般的民众到有涵养高素质的社会名流，他们的日常谈话都充斥着对所有的人和事物的诋毁和辱骂之词，甚至连那些最伟大的已故人士都难以避免。但是，贬低著名人物卓越功勋的书籍如此之多，这种情况还从未出现过，即便这些人曾经被视为法国最宝贵的财富。

无论在何时，嫉妒和仇恨心理似乎总是与民主理论有着剪不断理还乱的关系，然而这些感情从来没有像今天这样恣意扩散，它让任何一个旁观者都感到心惊胆寒。

虽然民主思想演进的其他一些后果是间接性的，但其意义之深刻却丝毫不落下风。所有这些影响都以一种无政府状态和普遍的不服从的形式表现出来。社会运动随之而来，它如同一台加速运转的机器，所以，这种感情将会带来更加重要的结果。在那些造成严重后果的罢工事件中，这种感情一次又一次地展露无遗。

这里所引证的言论只是叙述了一些人尽皆知的事实，这些事实向我们表明：就连那些坚定支持共和政体的人们都对社会的无序化发展有所认识。所有人都认清了这一事实，但同时也都意识到，既然到了这种地步，已经无法挽回。事实上，造成这一局面的主要因素是心理的影响，我们意志的力量已经被心理影响的力量远远地超越。

第六章
民主信仰的新形式

一、工人阶级的发展和工团主义运动

今天看来，工人阶级近年来的发展或许是最重要的民主问题的根源，而这种发展恰恰是由工团主义运动或公会运动所导致的。

所谓工团主义，我们是这样定义的：由具有共同利益、站在同一立场的人组合在一起形成的集体。工团主义几乎在每一个国家都获得了迅猛的发展，以至于我们可以认为工团主义是一种全球性的运动，在财政预算方面，某些工团组织甚至可以与一些小国同日而语。

劳工运动的开展轰轰烈烈，它在所有国家都获得了不同程度的发展，这表明，劳工运动是经济发展的必然结果，而不是乌托邦理论家们的不着边际空想。从目标、手段及其发展的趋势来看，工团主义与社会主义之间不存在丝毫的亲缘关系。我在过去出版的《政治心理学》（*Political Psychology*）一书中已经对此进行了详细的论述，在此只对这两种教义之间的差别进行一下简单的回顾。

不管在什么样的环境下，我们都能够看到工团主义不同的表现形式。在法国，工团主义已经获得了成功，并造成了深远而巨

大的社会影响。由于工团主义采取的是革命的形式——在前面已
经提到这一点，因此我们可以说，它落入了无政府主义者的控制
之中，至少目前仍是这样。无政府主义者对工团主义及其他所有
形式的组织本身并没有多大兴趣，他们的目的只是在于以新的学
说来毁坏现代社会。无论是无政府主义者、社会主义者，还是工
团主义者，尽管在指导思想上他们似乎存在很大差异，然而，因
为统治阶级的暴力镇压和财产被掠夺使得他们走到了一起，并有
了相同的终极目标。

　　工团主义者的学说与大革命的原则之间不存在一点联系，
甚至可以说工团主义者的学说在很多方面与大革命的原则是相互
对立的。说得更准确些，工团主义类似于大革命期间被禁止的那
些行业协会或社团，他们代表了向集体组织形式的一种回归。所
以，大革命所谴责的正是工团主义所构成的这种联合，工团主义
对大革命所建立起来的国家中央集权持坚决反对的态度。

　　对自由、平等、博爱等民主原则，工团主义者一点都不关
心。工团主义者要求其成员必须对纪律绝对服从，实际上这就等
于剥夺了成员的全部自由。

　　由于这些组织还不具备在相互之间施加暴虐的力量，因此，
它们目前对对方还是表现出尊重的情感，还勉强能够称得上博
爱。然而，一旦它们具有强大的力量，由于它们之间存在利益的
对立关系，冲突必然会在它们之间发生，就如同古代意大利共和
国时期的行会组织一样：到了一定的时期，之前的博爱很快就会
化为乌有，在顷刻之间平等就被强有力的一方所实行的专制所
代替。

　　这种黯淡的前景似乎已经为期不远了。政府在力量迅速增长
的新生力量面前显得懦弱不堪，只能通过一次次的妥协和屈服才

能得以自保：从短期来看，妥协这一可耻的策略或许还能起到些许作用，但从长远角度来看，妥协的危害非常之大。

但是，最近，在面对矿工协会（Miners'Union）要举行罢工使英国的工业生产陷于停顿的威胁时，英国政府迫不得已只能采取妥协屈服的策略。矿工协会为其成员要求最低的工资保障，却不受最低工时的限制。

在我们面前出现的是一个异常而可怕的景象：小小一个矿工协会竟然能做出这样的威胁，即要让一个地区赖以生存的制造业和商业陷于停顿，并且，在很大程度上它的确做到了这一点。

矿工在目前的法律条件下所拥有的力量几乎是无穷无尽的，以至于我们从来就没有见过可以与之相提并论的力量。有哪个美国的托拉斯组织在行使其合法的权利时能够如此的蔑视普遍利益吗？在封建制度下，男爵可以施行这种暴政吗？我们的社会组织、法律及种种行业之间的密切联系已经达到了相当完善的程度，然而，与较粗陋的时候相比，它使我们比我们的前辈们更易于受到重大威胁，就如同当前的情况一样……目前，我们亲眼见证了这一势力的初次威胁，对此如果我们一不留神，它将会吞噬整个社会……面对矿工们的无礼要求，政府采取了妥协的做法，政府这一态度诠释了某些事实，那些反抗社会的人正在逐步取得胜利。

二、当代的一些民主政府逐渐演变成官僚政府的原因

如今，一些政府正在被民主思想造成的社会冲突和无政府主义推向一个无法预期的演变中，在我看来，这一演变将最终使政府变成一个空架子，仅能保留一种名存实亡的权力。现在，一般情况下，由一些通过普选产生的代表组成了民主国家的政府。在法律的规定之下，通过这些代表投票，他们当中的某些人被任命或被撤换，并临时行使行政权。这些被选举出来的部长们是经常变动的，这正是投票的要求；由于他们的继任者属于其他政党，因此这些人将依据不同的原则来统治。

解释这种现象其实并不难，它源自于这样的一个事实，即实际上，那些表面上实施统治的部长们是在一个非常有限的范围内行使权力、治理国家的；他们的权力是被架空了的，受到极其严格的监督和制约，他们的权力仅限于发表一些无人问津的演说及处理很少一部分无足轻重的事务。

正如内阁部长这一职位，它只拥有表面的职权，既没有权威，也不会持久，只不过是政治家的傀儡而已；但在内阁部长这一职位的背后，却隐藏着一种暗中发挥极大作用的力量，并且它的权力正在不断增长。那些部长们很快就会发现自己是根本没办法与这一力量进行抗争的，因为这种神秘的力量源自惯例、特权阶层和连续性。在行政机器当中，职责被分解得七零八落，以至于对一位部长来说，他完全没办法发现什么重要的人物反对自己。一个由规章、惯例及法令构成的网络牢牢地钳制着部长，使他没有办法一时冲动，因为他随时随地离不开这一网络，并且，他自己对这个网络不甚了解，因而会对它忠心耿耿，根本就不敢对它有丝毫的违背。

为这一法则的真实性提供了一个显著证据的是政府的公务员阶层：他们得势以后，就开始变得目中无人、专横跋扈，时常还会发出一些威胁，甚至进行罢工。所以，在国家中，行政部门的权力形成了一个小范围的"国中之国"，并且，如果任凭其迅速发展下去，用不了多久它就会变成国家中唯一的权力部门。在一个社会主义的政府中，其他任何权力将不复存在。所以，一切革命都将造成同一个结果，即剥夺国王的地位和权力，并将其赋予那些不负责任的、名不见经传但却专制的政府雇员阶层。

对于那些可能给我们的未来带来阴影或冲突的情况，我们不可能有完全的预期，我们应该避免乐观主义或悲观主义；我们只能说，这是一种需要，最终它会给各种冲突的事物带来一种相对的平衡。世界平和地按照自己的意愿而运作着，对于我们那些信誓旦旦的慷慨陈词，它不管不顾。无论早晚，我们都只能想办法让自己适应环境的变化。我们面临的困难是怎样才能尽量避免无谓的摩擦，要摆脱那些空想家们的天方夜谭就显得更加重要了。这些空想家尽管不拥有重新建设世界的力量，但却总是竭尽全力地想着颠覆世界。

在历史上，罗马、雅典、佛罗伦萨及其他许多城市都曾有过辉煌的时刻，但这些城市最终还是成为这些可怕的理论家的牺牲品。不管在什么地方，这些理论家都造成了同一种后果，那就是衰落、独裁和无政府状态。

然而，当代数量众多的革命家并没有对这些沉痛的教训给予高度的关注，在他们的野心驱使下的运动最终将会把他们自己吞没，但他们却对此全然不知。这些乌托邦主义者唤醒了群众心目中依稀尚存的希望，激发群众内心的欲望，并且严重地侵蚀了历经多个世纪才逐渐建立起来的对群众构成约束的堤坝。

盲目的群众与小部分精英之间的殊死搏斗是人类历史上屡见不鲜的一个事实，历史一次又一次地证明，一种文明行将结束的显著特征就是失去平衡的民众主权的胜利。精英们忙着进行创造，而平民则一直倾向于破坏；精英们哪天一旦失势，平民们随即就会开始其情有独钟的工作。

一个伟大的文明如果想欣欣向荣，首先就必须对它们所包含的低劣成分进行严格控制。一种民主的暴政所造成的独裁、无政府状态、侵略及最终丧失独立，并不只发生在古希腊时期；个人的暴政往往源于集体的暴政。伟大的罗马在完成了第一轮循环之后，在野蛮人的统治之下，又完成了第二轮的循环。

在本书中，我们对历史上的重大革命进行了研究，但我们最为关注的是这些革命当中最重要的一次，也就是法国大革命。法国大革命波及了整个欧洲，其持续时间长达20年之久，其影响至今仍然挥之不去。

法国大革命对心理学研究来说，是一个取之不尽、用之不竭的文献资源，也许无论哪个时代在如此之短的时间内都不可能积累如此丰富的经验。

在各种不同的著作中，我尽力详细阐述的那些原则，都可以在这场伟大的戏剧中找到数不清的例证，这些原则包括信仰的作用；民族精神的持久性、大众心理的短暂性；神秘主义因素、集体因素和情感因素的影响，以及各式各样的逻辑之间产生的冲突等。

在国民公会执政期间，这种悖论俯首皆是。绝大多数国民公会的成员都对暴力深恶痛绝；作为具有细腻情感的哲学家，他们大声疾呼，强烈呼唤自由、平等和博爱，但最终的结果却是最恐怖的专制。

在督政府统治时期，相同的悖论也曾出现过。刚开始，议会是极为温和的，但他们却采取不间断的血腥政变来达到自己的目标；议会渴望重建宗教和平，但最终的结果却使成千上万的牧师被投入了监狱；议会准备在法兰西的废墟上重整河山，但结果仍是事与愿违，反而在突然之间增加了大量的废墟。

所以，在革命时期，由人们所组成的议会行为与人们的个人意志之间存在着最基本的矛盾。

然而，真实的情况却是这样的：投身革命的人经常会感到自己被一种无形力量所控制，这使他们身不由己。虽然这些人坚信自己是依据纯粹理性来行事的，但事实上，他们却受到神秘主义、情感及集体要素的影响。当然，他们自己对这一点浑然不知，而我们也只是直到今天才开始逐渐理解的。

对人类本性的事实，大革命的始作俑者绝对会心有不甘。在人类的历史上，这些人首次试图在理性的名义下对任何社会进行改造。

每一项以此作为使命的事业，我们都能预测到其注定失败的结局。因为那些宣称可以改变人性的理论家们，必然会动用一种超过以往任何一位暴君的权力。但是，即使让他们拥有这种权力，哪怕革命军队获得了胜利，即使他们使出了所有的严刑酷法，并不间断地进行镇压，大革命过后留给人们的也只是一个连着一个的废墟，并且最终的结局无一例外地会是一种独裁统治。

对于教育民众来说，既然经验是不可或缺的，那么，这样一种尝试将变得没有任何意义，我们至少能够从中得到一些教训。关于这一点，如果没有大革命，恐怕我们很难证明完美的理性并不能使人性发生改变，所以说，无论他们拥有什么样绝对的权力，也没有任何一个社会可以按照立法者的意志获得重建。

由于民主权的原则，改革者们才试图把他们的教条强加给别人。在领袖的引导之下，民众对议会的决议进行不断的干涉，并犯下了最残忍的暴行。

一方面，大革命时期的大众史具有非同一般的教育意义，它让我们清楚地看到那些赋予大众精神以全部美德的政治家们所存在的谬误。

另一方面，大革命的历史也向我们说明：一旦一个民族从作为文明根基的社会制约中挣脱出来，并遵从其本能的冲动，它很快就回复到原始的状态，重现其祖先的野性。可以说，大众革命取得的每一场胜利都是向野蛮主义的一次暂时回归。如果1871年的巴黎公社得以维持，它就有可能会让恐怖的一幕再次上演。由于它没有充足的力量杀戮数量众多的人，因此它只好用一场大火将位于首都的异常珍贵的纪念物毁灭殆尽。

一般情况下，各种心理力量被那些用以约束他们的枷锁所控制，一旦各种心理力量从枷锁中挣脱出来，就会产生冲突，大革命的爆发所体现的正是这样一种冲突。雅各宾主义的信仰、大众的本能、欲望、古代的影响、爆发的热情，所有这些因素带来一场灾难，即人们陷入了一场持续了10年之久的激烈冲突当中。法兰西在大革命的这10年里，尸横遍野、生灵涂炭，留下的城市也只是一座废墟。

从长期来看，这好像就是大革命的全部结果。在人类历史上，法国大革命是举世无双的一个大事件，所以，只有借助于全面的分析，才能深刻理解和领会这一伟大革命的实质，将不断激励着其主角的动机展现在我们的面前。在一般情况下，理性逻辑、情感逻辑、集体逻辑及神秘主义逻辑等各式各样的逻辑支配着人们，这些逻辑之间或多或少能够形成一种完美的平衡；但在大变革期间，这些逻辑之间产生了冲突，因此，失去平衡的逻辑导致人们变得不再是以前的自己了。

在本书中，对于大革命在争取民众权利方面所取得的某些成果的重要性，我们绝对没有低估。但是，和其他许多历史学家一样，我们不得不承认，取得这些成果是需要付出代价的，这就是流血和废墟；而这些成果本来可以在日后通过文明的自发进程不费吹灰之力地获得。为了提前几年获得这些成果，我们经历了令人难以想象的物质灾难和道德瓦解。时至今日，道德瓦解的后果仍然存在，我们还在默默地承受这一恶果。在人们的记忆当中，将很难抹掉那些载入史册的残忍暴行，在今天依然存在。

今天，我们的年轻人不愿意停留在表面的思考上，他们更愿意采取行动。他们对哲学家们枯燥无趣的学术研究不以为然：那种连物质的本质特征都没有搞清楚的空泛思考，又如何能让他感兴趣呢？

敏于行动是一件再好不过的事，因为所有真正的进步都是行动的结果，但只有在恰当、合理的指引下所采取的行动才是有益的。大革命时代的人总是对行动的重要性深信不疑，但是，他们是在幻想的指引下行动的，其最终的结果就是犯下了灾难性的错误。

一般来说，对事实不屑一顾的行动都是无益的。它声称要深刻地改变某一事件的进程，但人们不能把社会当作实验室中用来进行试验的仪器，这是不可取的。我们所经历的政治剧变向我们表明，为这样的社会错误要付出十分惨重的代价。

在当前的社会情况下，进行这样的实验几乎没有一丝好处。空想家们在追逐自己的梦想时，也刺激了群众的欲望和热情，每个民族无时无刻不在扩军备战。每一个人都深刻地认识到：在目前世界范围的竞争当中，弱小的民族几乎没有立足之地。

一个可怕的军事大国正在欧洲的腹地崛起：这个国家正在不断积蓄力量，并渴望统治世界，以输出其商品。这个国家在不久的将来将没办法养育本国日趋上升的人口，它要为这些人口谋求生存的空间。

如果国内的明争暗斗、无聊的宗教迫害、政党纷争、束缚工业发展的法律等问题一直困扰着我们，必将加重我们的内耗，削弱我们的凝聚力，那么，在不久之后，我们在世界上的优势地位可能也会失去。那时，我们将被迫让位于那些有更强凝聚力的民族，他们能够适应自然的必然性（natural necessities）要求，而不是像我们这样倒行逆施，妄图逆转历史的潮流。今天不是昨天的重复：尽管在历史发展的进程中充满了诸多无法预期的因素，但其发展的主线却总是遵循着那亘古不变的法则。